Christi

Samos

Die schönsten Küsten- und Bergwanderungen

40 ausgewählte Touren im Wanderparadies der Ägäis

BERGVERLAG ROTHER GMBH • MÜNCHEN

ROTHER WANDERFÜHRER

Abruzzen
Achensee
Algarve
Allgäu 1, 2, 3, 4
Allgäuer Alpen -
  Höhenwege und
  Klettersteige
Altmühltal
Annapurna Treks

Andalusien Süd
Antholz Gsies
Aostatal
Appenzell
Ardennen
Arlberg
Arnoweg
Außerfern
Auvergne
Azoren
Bayerischer Wald
Berchtesgaden
Bergisches Land
Berlin
Bern
Berner Oberland Ost
Berner Oberland West
Bodensee Nord, Süd
Bodensee-Rätikon
Böhmerwald
Bolivien
Bozen
Brandnertal
Bregenzerwald
Brenta
Bretagne
Cevennen
Chiemgau
Chiemsee
Chur
Cilento
Cinque Terre
Comer See
Cornwall-Devon
Costa Blanca
Costa Brava
Costa Daurada
Costa del Azahar

Côte d'Azur
Dachstein-Tauern
Dauphiné Ost, West
Dänemark-Jütland
Davos
Dolomiten 1, 2, 3,
  4, 5, 6
Dolomiten-Höhenwege
  1-3
Dolomiten-Höhenwege
  4-7
Dolomiten-Höhenwege
  8-10
Donausteig
E5 Konstanz - Verona
Ecuador
Eifel
Eifelsteig
Eisenwurzen
Elba
Elbsandstein
Elsass
Ober-, Unterengadin
Erzgebirge
Fichtelgebirge
Fränkische Schweiz
Friaul-Julisch Venetien
Fuerteventura
Gardaseeberge
Garhwal-Zanskar-
  Ladakh
Gasteinertal

Genfer See
Gesäuse
Glarnerland
Glockner-Region
La Gomera
Gran Canaria
Grazer Hausberge
Gruyère-Diablerets
Hamburg
Harz
Hawaii
El Hierro
Hochkönig
Hochschwab
Hohenlohe

Hunsrück
Ibiza
Innsbruck
Irland
Isarwinkel
Island
Istrien
Italienische Riviera
Jakobsweg - Camino
  del Norte
Französischer
  Jakobsweg Le
  Puy-Pyrenäen,
  Straßburg-Le Puy
Jakobswege Schweiz
Spanischer Jakobsweg

Südwestdeutsche
  Jakobsweg
Julische Alpen
Jura, Französischer
Jura, Schweizer
Kaiser
Kapverden
Kärnten
Karwendel
Kaunertal
Kitzbüheler Alpen
Klettersteige Bayern -
  Vorarlberg- Tirol -
  Salzburg
Klettersteige
  Dolomiten -
  Brenta - Gardasee
Klettersteige
  Julische Alpen
Klettersteige Schweiz
Klettersteige
  Westalpen
Korfu
Korsika
Korsika - GR 20
Kraichgau
Kreta Ost, West
Kurhessen
Lago Maggiore
Languedoc-Roussillon
Lanzarote

Lappland
Lungau
Luxemburg-Saarland

Madeira
Mallorca
Marken-Adriaküste
Mecklenburgische
  Seenplatte
Meran
Montafon
Mont Blanc
Montenegro
Mühlviertel
München
München - Venedig
Münsterland
Golf von Neapel
Neuseeland
Neusiedler See
Niederlande
Nockberge
Norische Region
Normandie
Norwegen Süd
Oberlausitz
Oberpfälzer Wald
Odenwald
Ossola-Täler
Ostfriesland
Ost-Steiermark
Osttirol Nord, Süd
Ötscher
Ötztal
La Palma

Patagonien
Pfälzerwald
Picos de Europa

Piemont Nord, Süd
Pinzgau
Pitztal
Pongau
Portugal Nord
Provence
Pyrenäen 1, 2, 3, 4
La Réunion
Rheinhessen
Rheinsteig
Rhodos
Rhön
Riesengebirge
Rom-Latium
Rügen
Ruhrgebiet
Salzburg
Salzkammergut Ost
Salzkammergut West
Samos
Sardinien
Sauerland
Savoyen
Schottland

Schwäbische Alb Ost
Schwäbische Alb West
Schwarzwald Fernwan-
  derwege
Schwarzwald Nord
Schwarzwald Süd
Schweden Süd und
  Mitte
Seealpen
Seefeld
Sierra de Gredos
Sierra de Guadarrama
Sizilien
Spessart
Steigerwald
Steirisches Weinland
Sterzing
Stubai
Stuttgart
Südafrika West
Surselva
Tannheimer Tal
Tasmanien

Hohe Tatra
Niedere Tatra
Tauern-Höhenweg
Hohe Tauern Nord
Tauferer Ahrntal
Taunus
Tegernsee
Teneriffa
Tessin
Teutoburger Wald
Thüringer Wald
Toskana Nord, Süd

Türkische Riviera
Überetsch
Umbrien
Ungarn West
Vanoise
Veltlin
Via de la Plata
Vierwaldstätter See
Vinschgau
Vogesen
Vorarlberg
Wachau
Ober-, Unterwallis
Weinviertel
Weserbergland
Westerwald
Westerwald-Steig
Wien
Wiener Hausberge
Zillertal

Zirbitzkogel-
  Grebenzen
Zugspitze
Zürichsee
Zypern

Vorwort

Schon die Dichter der Antike priesen Samos als »Anthemousa« (reich an Blumen), »Dryoussa« (reich an Eichen) und »Kyparissia« (reich an Zypressen). Neben ihren landschaftlichen Reizen bietet die Insel des Pythagoras zahlreiche Sehenswürdigkeiten aus einer bewegten Geschichte. Badefreunde finden einige weitläufige Sandstrände und viele versteckte Buchten. Dennoch ist Samos zur Freude der Naturfreunde vom Massentourismus verschont geblieben und konnte sich seine Ursprünglichkeit erhalten. Viele Küstenorte und Bergdörfer sind noch geprägt vom traditionellen Charme der griechischen Inselwelt, der andernorts längst verloren gegangen ist.

Auch wenn zahlreiche Waldbrände und der Straßenbau Narben in der üppigen Vegetation der Insel hinterlassen haben, ist Samos auch heute eine der grünsten Inseln der Ägäis. Der größte Anteil des Waldes wächst auf den zwei Bergmassiven, die zusammen die Hälfte der Inseloberfläche bilden. Die Vielseitigkeit der Landschaft macht ihren Reiz aus. Hohe Berge, tiefe Schluchten und einsame Waldgebiete wechseln sich mit Steilküsten, schönen Buchten und Stränden ab. Verstreut über Samos warten malerische Dörfer, versteckte Klöster, antike Stadtmauern, mittelalterliche Fluchtburgen und andere Zeugnisse der Vergangenheit auf ihre Entdeckung. Viele der alten Pfade, die einst die Dörfer untereinander verbunden haben, sind noch gut erhalten. So ist Samos ein wahres Wanderparadies.

Die unterschiedlichen Charaktere der Wanderungen bilden ein breites Spektrum an Möglichkeiten, das von kleinen Spaziergängen und unbeschwerlichen Wanderungen auf Feldwegen bis hin zu Bergtouren mit alpinem Charakter reicht. Im Norden und Westen der Insel finden wir mit Abstand die schöneren Wanderungen, aber auch der Ostteil wurde nicht vernachlässigt, da Samos-Stadt noch immer der wichtigste Verkehrsknotenpunkt ist. Alle Wanderungen wurden für die Neuauflage überprüft. Dennoch können sich die Verhältnisse rasch ändern. Leider wachsen weiterhin alte Pfade bis zur Unpassierbarkeit zu oder werden beim Bau neuer Straßen zerstört. Für Korrektur- und Ergänzungshinweise sind wir daher sehr dankbar.

Geisenheim/Rheingau und
Ágios Konstantínos/Samos, Sommer 2010   Christian Geith

Inhaltsverzeichnis

Vorwort 3

Wandern auf Samos 6
    Symbole 6
    Klimatabelle Samos 8
    Top-Touren auf Samos 11

Land und Leute 12

Touristische Hinweise 16
    Einige Worte Griechisch für unterwegs 19

Ost-Samos 20
1 Von Samos-Stadt (Vathý) hinauf zum Profítis Ilías 22
2 Von Samos-Stadt (Vathý) zu zwei sehenswerten Klöstern 24
3 Zum heilenden Ágios Jánnis 28
4 Von Samos-Stadt (Vathý) rund um den Thío zum Profítis Ilías . . . 30
5 Rund um die Halbinsel Nisí 33
6 Von Psilí Ámmos nach Samos-Stadt 36
7 Von Pythagório hinauf zur Burg des Polykrátes 38
8 Rund um Pythagório 41

Zentral-Samos 44
9 Von Mytilinií über das Kástro Louloúdas nach Kokkári 46
10 Von Mytilinií nach Platanákia 49
11 Von Kokkári über das Kloster Vrondá nach Vourliótes 52
12 In den Bergen über Kokkári 56
13 Von Kokkári nach Ágios Konstantínos 60
14 Von Kámbos nach Kokkári 64
15 Durch das Nachtigallental 66
16 Von Platanákia nach Manolátes 68
17 Von Platanákia über Manolátes nach Stavrinídes 71
18 Von Platanákia über Vourliótes nach Avlákia 74
19 Auf den Lázaros 76
20 Von Platanákia zum Profítis Ilías 80
21 Von Ágios Konstantínos nach Ámbelos und Stavrinídes 83
22 Von Ágios Konstantínos nach Platanákia 86
23 Von Koumaradéï ins Ímvrassos-Tal 89

West-Samos 92
24 Von Karlóvasi nach Potámi 94
25 Von Potámi nach Kosmadéï 98

26	Berg- und Küstenwanderung bei Karlóvasi	102
27	Rund um die Potámi-Schlucht und Karlóvasi	106
28	Von Paleó Karlóvasi nach Kastaniá	109
29	Von Plátanos nach Kondakéïka	112
30	Von Potámi nach Drakéï	116
31	Von Drakéï über Megálo Seïtáni nach Kosmadéï	120
32	Von Drakéï in die Bergwelt des Kérkis-Massivs	123
33	Von Drakéï auf die Gipfel der Vígla und Zástana	126
34	Von Kosmadéï ins Kérkis-Massiv	130
35	Von Drakéï in die Bucht von Vársamos	134
36	Von Kallithéa an die Buchten der Westküste	137
37	Küstenwanderung im Südwesten	140
38	Von Marathókambos zur Höhle des Pythagoras	144
39	Von Kámbos-Votsalákia auf die Vígla	148
40	Von Kámbos-Votsalákia zur Profítis-Ilías-Kapelle	152

Stichwortverzeichnis 156

Wandern auf Samos

Zum Gebrauch des Führers
Bei den einzelnen Tourenvorschlägen werden in der Überschrift das Wanderziel und die Gehzeit angegeben. Grüne Symbole informieren ferner, ob der Ausgangs-/Endpunkt mit öffentlichen Verkehrsmitteln zu erreichen ist, ob es unterwegs Einkehrmöglichkeiten gibt und ob die Tour für Kinder geeignet ist. Der ausführlichen Wegbeschreibung sind eine kurze Charakteristik der Wanderung sowie eine steckbriefartige Übersicht mit den wichtigsten Informationen vorangestellt. Kartenausschnitte in den Maßstäben 1:50.000 und 1:75.000 mit eingezeichneter Route sowie ein Höhenprofil mit Etappenzielen, Zeitangaben, Hütten, Einkehrmöglichkeiten, Sehenswürdigkeiten etc. ergänzen die Routenbeschreibung. Die darin vorkommenden Symbole werden in dem unten stehenden Kasten 6 erläutert. Im Stichwortverzeichnis sind alle erwähnten Ausgangs-/Endpunkte, Etappenziele, Orte und Sehenswürdigkeiten aufgeführt. Übersichtskarten auf der hinteren Umschlagseite und im Innenteil kennzeichnen die Ausgangspunkte der Touren. Bei der Angabe des Höhenunterschieds sind alle im Anstieg zu bewältigenden Höhenmeter inklusive der Gegenanstiege aufgeführt.
Die Schreibweise der griechischen Eigennamen ist durch die Transferierung der griechischen Buchstaben ins lateinische Alphabet nicht eindeutig und einheitlich, sodass auch in diesem Führer auf Grund des unterschiedlichen Kartenmaterials verschiedene Schreibweisen vorkommen.

Anforderungen
Da es in Griechenland bis heute keine Wanderkultur vergleichbar mit der in Deutschland, Österreich und der Schweiz gibt, sollte man bei der Benutzung dieses Wanderführers nicht von unseren Verhältnissen ausgehen. Wandern als Vergnügen ist noch immer für die meisten Griechen ein unbekanntes Phänomen und deshalb wurden viele Wanderwege – wenn überhaupt – von Ausländern markiert. Das erklärt die in verschiedenen Farben angebrachten

Symbole

🚌	mit Bus erreichbar	🚌	Busanschluss
✕	Einkehrmöglichkeit unterwegs	🚠	Seilbahn / Sessellift
👪	für Kinder geeignet	🅿	eingerichteter Parkplatz
⛪	Ort mit Einkehrmöglichkeit	†	Gipfel
⬛	Einkehrmöglichkeit, Café	)(	Pass, Sattel
⌂	Schutzhaus, Unterstand	⚱	Kirche, Kapelle, Marterl / Bildstock

Der einsame Nordosten von Samos: stimmungsvoller Blick hinüber zur Türkei.

Markierungen und die zahlreichen Steinmännchen, die manchmal eher verwirren als helfen. Irritierend sind außerdem die roten Markierungen der in den letzten Jahren vorgenommenen Landvermessungen. Etwas Orientierungssinn, verbunden mit einem Gespür für die mediterrane Landschaft und den ehemaligen Sinn des alten Pfadsystems, ist deshalb hilfreich. Die alten Kopfsteinpflasterwege (Kalderímia) und schmalen Fußpfade (Monopátia) verbinden meistens Dörfer, können aber auch zu isoliert gelegenen Klöstern, Kapellen, Olivenhainen und Weinbergen führen und enden nur selten im Niemandsland. Wenn man auf einem anfangs markierten Weg keine Zeichen mehr findet, kehrt man am besten bis zur letzten Markierung zurück und sucht von dort nach dem weiteren Wegverlauf. Häufig hat der Wanderer Schwierigkeiten, die Fortsetzungen der Kalderímia und Pfade zu finden, wenn diese streckenweise von neueren Schotterstraßen gekreuzt oder überbaut wurden. Die Pfade werden auch häufig vernachlässigt, sodass sie schnell zuwachsen. Wir bitten deshalb alle Wanderer, den Einheimischen, den lokalen Behörden oder ihrem Reiseveranstalter deutlich zu machen, wie sehr wir uns über eine intakte Natur und Erhaltung der traditionellen Kultur freuen, denn die Samioten selber zeigen noch immer einen erstaunlich sorglosen Umgang mit ihrer Insel.

Der Großteil unserer Wanderungen führt über leicht erkennbare und überwiegend markierte Fußwege und Pfade, aber besonders im noch weitgehend unberührten Westen der Insel gibt es außer für die verschiedenen Aufstiege zum Kérkis fast keine Markierungen. Etwa zu einem Viertel verlaufen die Wanderungen über Feldwege oder Schotterstraßen. Nur bei einem geringen Anteil müssen wir mit Beton- oder Asphaltstraßen vorlieb nehmen. Für einige Touren, besonders bei denen um das Kérkis-Massiv, sind neben Orientierungssinn unbedingt gute Kondition, Trittsicherheit und Schwindelfreiheit erforderlich. Im Allgemeinen ist das Gelände aber übersichtlich und ungefährlich. Auf etwaige Schwierigkeiten wird im jeweiligen Text hingewiesen. Um die unterschiedlichen Anforderungen besser einschätzen zu können, wurden die Tournummern farbig markiert:

■ **Leicht** Wanderungen auf überwiegend gut markierten und nur mäßig steilen Wegen, die auch bei Schlechtwetter gefahrlos begehbar sind. In der Regel bestehen keine Orientierungsprobleme. Sie eignen sich auch für Kinder und ältere Leute.

■ **Mittel** Diese Touren verlaufen meist auf markierten Pfaden, sind aber manchmal etwas undeutlich; kurze Abschnitte können über steiles, wegloses Gelände führen. Deshalb sollten sie nur von ausdauernden, geübten Bergwanderern begangen werden.

■ **Schwierig** Anspruchsvolle Bergtouren auf nicht immer ausreichend markierten Wegen und Steigen, die überwiegend schmal und steil angelegt sind. Sie sollten nur von trittsicheren, schwindelfreien, konditionsstarken und erfahrenen Bergwanderern unternommen werden. Stellenweise können sie unterbrochen sein, aber nur selten ist die Zuhilfenahme der Hände notwendig.

Gefahren
Kräftige Winde, Nebel oder Gewitter stellen besonders im freien Gelände eine Gefahr auf der an sich harmlosen Insel dar. Nach schweren Regenfällen kann es in verbrannten Waldgebieten vereinzelt zu Erdrutschen kommen, die die Pfade unbegehbar machen. Scharfkantige Felsen, Geröll und sta-

Klimatabelle Samos

	Monat	1	2	3	4	5	6	7	8	9	10	11	12	Jahr
Tag	°C	14	15	16	19	23	27	29	29	26	22	19	16	21,3
Nacht	°C	9	9	9	13	16	20	22	22	20	17	14	11	15,2
Wasser	°C	16	15	15	16	18	21	22	23	22	21	19	17	18,8
Sonnenstunden		4	5	6	8	10	12	12	11	10	8	6	4	8
Regentage		14	9	8	5	4	1	0	0	1	4	7	12	5,4

Die byzantinische Profítis-Ilías-Kirche am Wegesrand (Tour 11).

chelige Bodenvegetation sollten ebenfalls nicht unterschätzt werden. Vor Hunden braucht man sich in der Regel nicht zu fürchten, da die meisten Vierbeiner beim Anblick von Touristen freundlich mit dem Schwanz wedeln und gerne mitwandern möchten. Sollten dennoch in den höheren Regionen Schäferhunde aggressiv reagieren, reicht es meistens aus, so zu tun, als ob man einen Stein nach ihnen werfen wollte. Auch Schlangen, unter denen die giftige Viper aber sehr selten ist, sind nur dann gefährlich, wenn sie sich bedroht fühlen. Sie beißen vor allem, wenn sie von Menschen überrascht werden und nicht schnell genug fliehen können. Skorpione stechen ebenfalls nur, wenn man unvorsichtig in ihre Verstecke unter Steinen, Felsbrocken oder in Mauerspalten greift.

Beste Jahreszeit

Die angenehmsten Wanderzeiten auf Samos sind der Frühling und der Herbst. Dies bedeutet jedoch nicht, dass die heißen Sommermonate ausgeklammert werden müssen, denn die noch vorhandene Vegetation der Nord- und Westküste bietet genügend Schatten und die kräftigen Nordwinde (Meltémia) sorgen für Abkühlung. Liebhaber von Wildblumen sollten das Frühjahr wählen. Für Badefreudige eignet sich wegen der höheren Wassertemperaturen besonders der Herbst.

Ausrüstung

Sehr zu empfehlen sind gute Wanderschuhe mit Profilsohle, strapazierfähige, abzippbare Hosen, Regen- und Windschutz, Proviant, ausreichend Flüssigkeit und Sonnenschutz. Für die Besichtigung von Klöstern sind bei Frauen lange Kleidung über die Knie und bedeckte Schultern erforderlich, bei Männern lange Hosen.

Kartenmaterial

Topografische Karten auf dem neuesten Stand wird man auf der Insel vergeblich suchen. Die meisten angebotenen Karten eignen sich überhaupt nicht zum Wandern, da sie weder Geländeformen noch Höhenlinien enthalten. Selbst die Lage der Orte und der Straßenverlauf weisen fantasiereiche Varianten auf, die wenig mit der Realität zu tun haben. Am besten sind meiner Erfahrung nach die »Road Editions«-Karte mit ihren 100-m-Höhenlinien und die Freytag & Berndt-Karte im Maßstab 1:50.000, aus der die Kartenausschnitte in diesem Wanderführer stammen. Dennoch sind beide für Wanderer doch eher weniger empfehlenswert, da sie einige grobe Fehler, wie z.B. falsch eingezeichnete oder fehlende Schotterstraßen sowie fehlerhafte Schreibweisen der Ortsnamen, enthalten. Nur für die Umgebung von Kokkári ist die relativ gute »The Kokkari Walkers' Map« von Lance Chilton erhältlich.

Gehzeiten

Die angegebenen Zeiten beziehen sich auf die reine Gehzeit. Pausen und Zeit, die gegebenenfalls für die auf Samos oft nicht leichte Orientierung benötigt wird, sind hier nicht enthalten und müssen zusätzlich berücksichtigt werden. Generell orientieren sich die Zeiten eher an schnelleren Wanderern. In der Tourenüberschrift wird die Gesamtgehzeit, in den Höhenprofilen die einzelnen Etappenzeiten angegeben.

Einkehr und Unterkunft

Auf Samos gibt es in fast allen Bergdörfern Kafenía (Cafés) und Tavernen. Restaurants findet man nur in größeren touristischen Orten wie Samos/Vathí, Kokkári, Karlóvasi, Kámbos/Votsalákia und Pythagório. Wildcampen ist in Griechenland offiziell nicht erlaubt, wird aber an einigen Stellen toleriert. Im Frühling und Spätherbst gibt es meistens ausreichende und recht günstige Zimmerangebote.

Anfahrt

Das öffentliche Busnetz ist relativ gut ausgebaut, so dass im Sommer – mit Ausnahme der Wochenenden – die meisten Ausgangspunkte ohne Probleme erreicht werden können. Im Frühling und Herbst muss man wegen der schlechteren Verbindungen manchmal auf Taxis ausweichen.

Top-Touren auf Samos

Von Samos-Stadt zu den Klöstern Agía Zóni und Zoodóchou Pigís
Sehenswerte Klöster und herrliche Blicke auf das türkische Mykale-Gebirge (Tour 2, 3¼ Std.).

Rund um Pythagório
Ein malerischer Küstenort, archäologische Stätten und ein Kloster in reizvoller Landschaft (Tour 8, 2 Std.).

Von Kokkári über das Kloster Vrondá nach Vourliótes
Großartiges Naturerleben und ein traditionelles Bergdorf im Nordwesten (Tour 11, 4¼ Std.).

Von Potámi nach Drakéï
Traumhafte Küstenwanderung durch die einsame Landschaft im Nordwesten (Tour 30, 3¼ Std.).

Von Platanákia über Manolátes nach Stavrinídes
Reizvolle Wanderung durch das Nachtigallental und zu den Bergdörfern des Ámbelos-Massivs (Tour 18, 3 Std.).

Von Paleó Karlóvasi nach Kastaniá
Abwechslungsreiche Tour zu den Dörfern über Karlóvasi (Tour 28, 4¼ Std.).

Von Drakéï in die Bergwelt des Kérkis-Massivs
Waldwanderung am Nordhang des Massivs zu zwei imponierenden Höhlenkirchen (Tour 31, 3¾ Std.).

Von Kámbos/Votsalákia auf die Vígla
Der Aufstieg zum höchsten Gipfel der Insel zählt zu den eindrucksvollsten Erlebnissen eines Samos-Urlaubs (Tour 39, 7½ Std.).

Natur- und Umweltschutz

Im Vergleich zu anderen ägäischen Inseln finden sich auf Samos noch zahlreiche naturnahe Landschaften. Dennoch haben Straßenbau, Zersiedlung und Tourismus in den letzten Jahren Schaden an der Natur verursacht. Außer Hotelneubauten entstehen viele neue Schotterstraßen, die die frühere Vielfalt der alten Pfade langsam reduzieren. Der Sinn und Nutzen dieser oftmals mit EU-Geldern gebauten Straßen ist häufig schwer zu erkennen, denn viele enden im Nirgendwo oder sind nach heftigen Regenfällen schon bald nicht mehr befahrbar. Außerdem wird durch ihren Bau die Erosion der sowieso schon von vielen Waldbränden geschädigten Insel vorangetrieben. Das Umweltbewusstsein ist in Griechenland leider noch nicht sehr ausgeprägt. Naturfreunde können mit gutem Beispiel vorangehen und z. B. Plastiktüten beim Einkauf ablehnen, Recycling-Müll getrennt in die blauen Container entsorgen und sparsam mit Wasser umgehen, auf die Pflanzen- und Tierwelt Rücksicht nehmen und selbstverständlich den eigenen Müll nicht in der Natur zurücklassen. Man braucht kein Wasser in Plastikflaschen zu kaufen, da es in jedem Bergdorf eine Quelle gibt. Raucher bedenken bitte, dass durch unachtsames Wegwerfen von Zigarettenkippen schon mancher Hektar Wald abgebrannt ist. Offenes Feuer sollte für uns ebenfalls tabu sein, da auf Samos besonders während der heißen Sommermonate extreme Waldbrandgefahr besteht.

Land und Leute

Zur Geografie von Samos

Das vor der kleinasiatischen Küste gelegene Samos ist mit seinen 475 km² eine der größten Inseln der Ägäis. Mit einer Länge von 45 km, einer Breite von 4 bis 10 km, in der Mitte aber bis 19 km, ähnelt die Insel äußerlich – mit etwas Fantasie betrachtet – der Silhouette eines schwangeren Wales. Samos wird von drei aus Marmor und Schiefer bestehenden Bergmassiven geprägt: der 1153 m hohen Karvoúni- oder Ambelos-Kette (antiker Name Ampelos) im Zentrum, dem 1437 m hohen Kérkis (antiker Name Kerketeas) mit seinen nackten Felswänden im Westen und dem niedrigeren Bírnias (780 m) im Süden. Dazwischen liegen das jungtertiäre Hügelland und einige Hoch- und Küstenebenen. Die größte Ebene (Kámbos Chóras) befindet sich östlich von Pythagório, das auf der antiken Stadt Samos erbaut wurde. Trotz der vielen Berge gibt es auf Samos nur wenige Flüsse, die das ganze Jahr über Wasser führen, denn starkes Gefälle sowie der Wasserkonsum des Tourismus und der Landwirtschaft lassen sie schnell austrocknen.

Auf Samos wohnen ca. 35.000 Menschen. Der Hauptort Vathí (Samos-Stadt) liegt in der großen gleichnamigen Bucht im Nordosten und bildet das Verwaltungszentrum der Insel. Mit seinen großen Fähranlegern und dem Busbahnhof ist Samos-Stadt der größte Verkehrsknotenpunkt. Im Nordwesten

Typische samiotische Angoraziegen.

Auf Samos findet man eine farbenprächtige Blumenwelt (links oben: Mittagsblume, rechts oben: Herbstzeitlose, links unten: Schopflavendel, rechts unten: Citinus).

folgt als zweitgrößter Ort Karlóvasi, ebenfalls ein wichtiger Hafen. Weitere Ansiedlungen mit städtischem Charakter gibt es auf der Insel nicht. Die Küstenorte Kokkári und Pythagório konkurrieren in den letzten Jahren mit den neuen Feriensiedlungen Ágios Konstandínos, Iréon und Ormós Marathokámbou um die Gunst der Badeurlauber.

Vegetation und Tierwelt

Klima und Bodenqualität bestimmen das Ökosystem, von dem die Art der Flora und Fauna abhängt. Die relativ hohe Luftfeuchtigkeit, bedingt durch die Lage der Insel vor der türkischen Küste, bildet die Voraussetzung für eine reiche Vegetation. Die Baum- und Pflanzenarten, darunter seltene Orchideen, präsentieren sich wie in einem Kaleidoskop. Am häufigsten ist trotz der vielen Waldbrände noch immer die Kalabrische Kiefer vertreten, gefolgt von Zypressen, Zedern, Pappeln, Kermes- und Steineichen, Platanen und Eukalyptusbäumen. Der bekannteste Nutzbaum, der Olivenbaum, liefert wertvolles Öl und Früchte. Immer wieder finden wir in der samiotischen Landschaft die Früchte der Feigen-, Granatapfel-, Johannisbrot-, Lotus-, Mandel-, Walnuss-, Orangen- und Zitronenbäume. Straucharten wie Erdbeerbäume, Ginster, Oleander und Steineichen kämpfen um Raum mit den über die ganze Insel verteilten Weinstöcken, die oft auf Hochebenen und Terrassen angepflanzt werden. In Gebieten, in denen das Ökosystem am meisten degeneriert ist, überleben im karstigen Boden nur typisch mediterrane Kräuter, Heil- und Arzneipflanzen, darunter Kamille, Oregano, Salbei, Rosmarin und Thymian. An feuchten Stellen breiten sich oftmals Teppiche von wohlriechender Minze aus. Im Frühling färbt ein Meer von Anemonen, Zistrosen, Margeriten, Mohn und anderen Wildblumen die Landschaft bunt, im Herbst herrschen Alpenveilchen, Herbstzeitlose und verschiedene Krokusarten vor. In jedem Klosterhof und vielen Privathäusern steigt einem der Duft von Basilikum in die Nase.

Obwohl es noch immer Ortsnamen gibt, die auf Bären, Schakale und Wölfe hinweisen, sind diese wilden Säugetiere schon lange ausgerottet. Seit einigen Jahren hat sich aber ein neuer Einwanderer gemeldet. Das Wildschwein, dessen Spuren man besonders gut am nördlichen Kerkishang entdecken kann, scheint ein guter Schwimmer zu sein und ist wahrscheinlich aus der Türkei in die EU eingewandert. Vereinzelt findet man noch Wiesel, Eichhörnchen und Schildkröten vor. Schlangen, so ungefährlich sie auch sein mögen, werden von den Einheimischen sofort getötet, wenn sie den Weg der Menschen kreuzen. Die vielen Jäger sind besonders auf Hasen und Kaninchen aus, die es noch immer auf Samos gibt, aber auch die letzte Singdrossel ist vor ihnen nicht mehr sicher. Zum Glück haben die Nachtvögel eine gute Überlebenschance und man hört noch oft den melancholischen Ruf der Eule. Unter den Nutztieren findet man Schafe und Ziegen, Esel und Maultiere, wobei letztere immer mehr durch Pick-ups ersetzt werden. Obwohl sich in den letzten zwanzig Jahren schon viel zum Positiven verändert

Überreste der antiken Stadt Samos in Pythagório.

hat, steht es mit dem Tierschutz in Griechenland noch immer nicht zum Besten. Eine deutsche Organisation ist in den letzten Jahren damit beschäftigt, herrenlose Hunde und Katzen nach Deutschland zu vermitteln.

Klima und Wetter

Das Klima wird geprägt von langen, trockenen Sommern und relativ kurzen und feuchten Wintern. Die meisten Niederschläge fallen zwischen November und Februar, doch auch im Mai und Oktober sind heftige Schauer keine Seltenheit. Obwohl

Byzantinische Fluchtburg hoch über der Potámischlucht (Tour 24).

der Februar der kälteste Monat ist, stehen schon die Mandelbäume in voller Blüte und kündigen den nahen Frühling an.

Samos im Spiegel der Geschichte

Samos wurde bereits vor 5000 Jahren besiedelt. Um 1500 v. Chr. kamen die ersten griechischen Einwanderer auf die Insel, die in archaischer Zeit (6. Jh. v. Chr.) ihre größte politische und kulturelle Blüte erreichte. Die herausragende Persönlichkeit dieser Epoche war der Alleinherrscher (Týrannos) Polykrátes, der große Bauprojekte initiierte, von denen heute noch die Stadtmauern, die Eupálinos-Wasserleitung und ein Teil der Hafenmole bewundert werden können. An seinem Hof weilten der Mathematiker Pythagoras und die Dichter Anakreon von Teos und Ibikos. Auch Epikur erblickte auf Samos das Licht der Welt. Samos spielte wegen seiner strategischen Schlüsselstellung vor der kleinasiatischen Küste auch in klassischer, hellenistischer und römischer Zeit eine wichtige Rolle. Selbst in byzantinischer Zeit war die Insel noch so bedeutsam, dass sie allein einen Verwaltungsbezirk (Théma) bildete. In dieser Epoche wird aufgrund wiederholter Piratenüberfälle und kriegerischer Auseinandersetzungen die antike Stadt Samos aufgegeben und das Machtzentrum verlagert sich zunehmend in den nordwestlichen Teil. Zeugnis davon liefern heute noch die zahlreichen Fluchtburgen und Kirchen. Wegen der häufigen Angriffe der Piraten und Türken im 15. Jahrhundert wurde ein Großteil der Bevölkerung nach Chios umgesiedelt. Erst auf Initiative eines türkischen Admirals kehrte ein Jahrhundert später wieder mehr Leben auf die Insel ein. Während des griechischen Unabhängigkeitskrieges (1821-1828) spielten die Samioten eine wichtige Rolle und erreichten eine Teilautonomie in Form eines tributpflichtigen Fürstentums. Am 11. November 1912 erklärten die Samioten den Anschluss an Griechenland.

Touristische Hinweise

Anreise
- Mit dem Flugzeug: Die preiswertesten Angebote findet man zwischen April und Oktober bei den Charterflügen. Eine weitere Möglichkeit ist, nach Athen zu fliegen, dort umzusteigen oder die Fähre ab Piräus zu nehmen.
- Mit der Fähre: Von Piräus fahren täglich Fährschiffe nach Karlóvasi und Vathí (Samos-Stadt). Die Überfahrt dauert etwa 12 Stunden. Zwei Fährgesellschaften konkurrieren auf dieser Linie: Moderner sind die Fähren von Hellenic Seaways, wesentlich günstiger hingegen die älteren Schiffe von Kallisti Ferries. In der Hauptsaison verkehren zudem High-Speed-Boote (Fahrtdauer ca. 6 Stunden). Samos unterhält auch Fährverbindungen mit Chíos, den Inseln des Dodekanes und der Türkei.
- Mit dem Auto: Es empfiehlt sich, die Autofähre von Venedig oder Ancona bis Patras zu nehmen, auf dem Landweg weiter nach Piräus zu fahren und von dort mit den innergriechischen Fähren die Insel anzusteuern. Tipp: Wer eine morgendliche Ankunft in Patras wählt, erreicht ohne Eile am selben Tag die Fähre ab Piräus.

Auskunft
Informationsmaterial über Samos ist bei der griechischen Zentrale für Fremdenverkehr erhältlich:
in Deutschland: 60311 Frankfurt/Main, Neue Mainzer Straße 22, ✆ 069/2365-61 oder -63, E-Mail: info@gzf-eot.de

Der Hafenort Pythagório.

Wunderschöne Badebucht vor dem imposanten Kérkis-Massiv: Mikró Seïtáni (Tour 30).

in Österreich: 1015 Wien, Opernring 8, ✆ 0222/51253-17 oder -18
in der Schweiz: 8001 Zürich, Löwenstraße 25, ✆ 01/2114410

Camping
Campingplätze kennt die Insel immer noch nicht. Obwohl Wildcampen in Griechenland offiziell nicht erlaubt ist, kann man in den Bergen oder in einsamen Buchten durchaus sein Zelt aufschlagen.

Sicherheit
Auf Samos sind Diebstähle äußerst selten und Gewaltdelikte gegen Urlauber nahezu unbekannt. Das sollte einen jedoch nicht zur Leichtsinnigkeit verleiten. Die zentrale Rufnummer der Polizei lautet 100, die allgemeine Notfallnummer 112 und die Pannenhilfe 104.

Feiertage
1. Januar, 6. Januar, 25. März, Ostern (Datum meist nicht identisch mit dem Osterfest der Westkirche), 1. Mai, Pfingsten (siehe Ostern), 15. August, 28. Oktober, 11. November (Anschluss an Griechenland) und Weihnachten.

Telefon
Die Landesvorwahl nach Griechenland ist 0030. Von Samos nach Deutschland wählt man 0049, nach Österreich 0043 und in die Schweiz 0041. Für Anrufe innerhalb Griechenlands wird keine Null vor die Rufnummer gesetzt.

Verkehrsmittel auf Samos
- Bus: Die samiotische Busgesellschaft KTEL (✆ 22 730 272 62) unterhält in den Sommermonaten zwischen den Hauptorten Samos/Vathí, Karlóvasi und Pythagório gute Busverbindungen, die im Frühling und Herbst reduziert und im Winter stark eingeschränkt werden. Busfahrpläne sind auf der Insel im Fremdenverkehrsbüro und bei der KTEL erhältlich.
- Taxi: Taxifahren ist in Griechenland etwas günstiger als in Mitteleuropa. In der Regel werden die Fahrten mit einem Taxameter abgerechnet, in der letzten Zeit gelten jedoch immer mehr feste Tarife. Um Unstimmigkeiten zu vermeiden, sollte man sich besser vor Antritt der Fahrt nach dem Preis erkundigen.
- Mietwagen: Mittlerweile gibt es auf Samos fast an jeder Ecke Pkws und Motorroller zu mieten. Autos sind während der Hauptsaison für 40 bis 60 €, in der Nebensaison aber bereits ab 30 € pro Tag erhältlich.

Wandervereine
Der griechische Bergsteigerverein (EOS) ist seit einiger Zeit auf Samos vertreten und kümmert sich teilweise um die Markierung der Wanderwege.

Zeit
In Griechenland ist es eine Stunde später als in Deutschland, Österreich und der Schweiz.

Sprache
Die Amtssprache auf Samos ist Griechisch. In den Städten und Badeorten können sich Reisende gut mit Englisch verständigen. Ein paar Redewendungen in der Landessprache werden von den Inselbewohnern wohlwollend zur Kenntnis genommen und sind in ländlichen Gegenden zur Verständigung sogar unentbehrlich.

Griechisch ist die älteste gesprochene Sprache Europas. Zwar gehört sie zur großen Familie der indoeuropäischen Sprachen, ist uns aber fremder als eine germanische (z. B. Englisch) oder romanische Sprache (z. B. Französisch). Für die griechischen Buchstaben gibt es keine verbindliche Umschrift. Die in diesem Buch verwendete Wiedergabe kommt der tatsächlichen Aussprache möglichst nah. Dabei ist zu beachten, dass »g« vor e- und i-Lauten wie »j« ausgesprochen wird und »th« der vom Englischen bekannte Lispellaut ist; ähnlich auch das »d«, das jedoch etwas weicher ausgesprochen wird. Alle Vokale werden eher kurz und offen ausgesprochen, also klingt »e« mehr wie ein deutsches »ä«. In der griechischen Sprache kann eine falsche Betonung leicht zu Verständigungsschwierigkeiten führen. Daher sind die Wörter und Ortsnamen mit einem Akzent versehen. Ein kleines Vokabelverzeichnis finden Sie auf der folgenden Seite; für ausführlichere Informationen empfehlen wir einen Sprachführer.

Einige Worte Griechisch für unterwegs

Guten Morgen/	kaliméra (bis Mittag)	Berg	vunó
Guten Abend	kalispéra (ab Mittag)	Brücke	jéfira
Guten Tag		Brunnen	pigádi
Gruß beim Kommen und Gehen	ja sas	Burg	kástro
		Bus	leoforío
		Dorf	chorió
danke	efcharistó	Feuer	fotiá
bitte	parakaló	Haus	spíti
ich will ...	thélo ...	Heiligenschrein	ikónisma
... Wasser	... neró	Hügel	lófos
... ein Taxi	... éna taxí	Insel	nisí
... essen	... fajitó	Kap	akrotírio
... trinken	... na pjó	Kirche	eklisía
wo ist ...?	pu ínä ...	Klippe	skópelos
... der Weg nach	... o drómos ja ...	Kloster	monastíri
... ein Café	... éna kafenío	Meer	thálassa
... die Bushaltestelle	... i stási	Pfad	monopáti
		gepflasterter Pfad	kalderími
... der Hafen	... to limáni	Platz	platía
hier, hierher	edó	Quelle	vrísi
dort, dorthin	ekí	Schiff	karávi
geradeaus	efthía	Strand	paralía
rechts	dexiá	Straße, Weg (allgemein)	drómos
links	aristerá		
unten, hinunter	káto	Trinkwasser	pósimo neró
oben, hinauf	páno		
nah	kondá		
weit, weit weg	makriá	1, 2, 3, 4	éna, dío, tría, téssera
		5, 6, 7	pénte, éxi, eftá,
Aussichtspunkt	théa	8, 9, 10	ochtó, ennéa, déka
Auto	aftokínito	100, 1000	ekató, chília

Das griechische Alphabet

Α, α	A		Ν, ν	N
Β, β	W		Ξ, ξ	X
Γ, γ	J vor i- und e-Lauten, sonst ein Mittelding zwischen g und ch		Ο, ο	O
			Π, π	P (unbehaucht)
Δ, δ	stimmhaftes »th« wie engl. »this«		Ρ, ρ	R (gerollt)
Ε, ε	Ä		Σ, σ, ς	stimmloses »s« wie »Tasse«
Ζ, ζ	stimmhaftes »s« wie Ouzo		Τ, τ	T
Η, η	I		Υ, υ	I
Θ, θ	stimmloses »th« wie in »thanks«		Φ, φ	F
Ι, ι	I		Χ, χ	CH, vor e- und i-Lauten wie »ich«, sonst wie »ach«
Κ, κ	K (unbehaucht)			
Λ, λ	L		Ψ, ψ	PS
Μ, μ	M		Ω, ω	O

Ost-Samos

Der verwaltungs- und verkehrsmäßig bedeutende Osten von Samos bietet im Gegensatz zu den anderen Inselteilen landschaftlich weniger Höhepunkte, jedoch kommen die Archäologie- und Geschichtsinteressierten in diesem Gebiet auf ihre Kosten. In der Nähe der türkischen Küste gelegen, ist der nicht allzu gebirgige Osten von vielen Buchten und Halbinseln geprägt. Mit Macchia und Olivenbäumen bewachsene Hügel machen den typischen Mittelmeercharakter der Region aus.

Die geschäftige Inselhauptstadt Samos, von den meisten Einwohnern noch immer Vathý genannt, findet ihren Gegenpol in den malerischen Gassen des oberhalb gelegenen Áno Vathý. In der gleichnamigen Bucht gehen die großen Fähren vor Anker. Abseits vom Lärm der Stadt findet man Ruhe in den

Blick vom Kloster Spilianí auf Pythagório.

Räumen des Archäologischen Museums, in dem die Schätze dieser in antiker Zeit schon dicht besiedelten Gegend ausgestellt werden. Das heutige Pythagório liefert ein Beispiel für diese Kontinuität, denn es wurde auf Teilen der antiken Stadt Samos erbaut. Südöstlich des Flugplatzes in der Nähe des Badeortes Iréon befinden sich die Überreste des Heiligtums der Göttin Hera, von der die Mythologie erzählt, dass sie am Ufer des Flusses Ímvrassos geboren wurde.

Von Samos-Stadt (Vathý) hinauf zum Profítis Ilías

Kurze Einstiegswanderung für den Ankunftstag

Diese kurze Wanderung auf den »Hausberg« von Samos-Stadt bietet sich als Einstimmungstour für Neuankömmlinge an. Der Blick vom Profítis Ilías lässt erahnen, welche Reize die Insel noch zu bieten hat, und man wird gespannt darauf sein, die in weiter Ferne liegenden Berge der Ámbelos-Kette kennenzulernen.

Ausgangspunkt: Samos-Stadt, am Zollamt gegenüber dem Fähranleger.
Höhenunterschied: 320 m.
Anforderungen: Einfache, das ganze Jahr über mögliche Wanderung auf einem Fußpfad und einer Schotterstraße; wenig Schatten.
Einkehr: Kafenía und Tavernen in Samos-Stadt.

Unsere Wanderung beginnt auf der Straße, die hinter dem **Hafen- und Zollamt von Samos-Stadt** scharf nach rechts hinaufführt. Wir biegen gleich darauf links in die »Odós 28. Okt.« ein (zweite Abzweigung). Am Ende des Sportplatzes zweigen wir rechts auf eine Asphalt- bzw. Betonstraße ein und folgen ihr bis zum ersten Häuserblock. Dort gehen wir den Weg links hinauf auf eine Kapelle zu, an ihr vorbei und verlassen kurz darauf auf der Anhöhe bei einer Zypresse den befestigten Weg. Es ist nicht ganz einfach, den hier beginnenden Pfad zu erkennen. Vorerst wandern wir eben weiter auf ein Gebäude zu, um dann an der Grundstücksgrenze entlang steil den Hang hinaufzusteigen. Bald wird der Verlauf des Pfads deutlicher und blaue, gelbe und rote Punkte und Pfeile helfen bei der Orientierung. Über eine kleine Böschung gelangen wir kurz danach auf die Schotterstraße und wenden uns ca. 100 m nach links, bevor wir bei einem Heiligenschrein links erneut auf einen Pfad abzweigen. Nach einem verfallenen Bauernhof durchqueren wir einen kleinen Kiefernwald. Wir gehen an einem Steinmäuerchen entlang durch Olivengärten und Macchia, während bald unser Ziel auftaucht, die weiße Profítis-Ilías-Kapelle mit dem Antennenwald. Ungefähr 10 Minuten später schwenkt der etwas zugewachsene Pfad bei einem Zaun, den man überklettern muss, rechts ab. Nach dem Überwinden

Vom lebendigen Hafen hinauf zum Hausberg von Samos-Stadt.

einiger Terrassen mündet der Pfad bei einer Einfahrt wieder in die Schotterstraße. Nachdem wir dieser Straße etwa 10 Minuten nach links gefolgt sind, erreichen wir an einer Gabelung bei einem Schild zwischen zwei Kiefern die Abzweigung zur Profítis-Ilías-Kapelle. Hier biegen wir rechts auf einen markierten Pfad ab. Nachdem er sich zwischen Steineichen und Erdbeerbäumen hindurch zum Gipfel hinaufgeschlängelt hat, entschädigt uns bei der **Profítis-Ilías-Kapelle** ein herrliches Panorama für die letzte kleine Anstrengung. Leider haben die Antennenmasten hinter der Kapelle diesem einstmals romantischen Plätzchen etwas seinen Reiz genommen.

Wer sich für den gleichen Rückweg entscheidet, benötigt dafür ca. 45 Minuten. Wer im gemütlichen Tempo hinunterwandern will, folgt der Schotterstraße, die sich hinter den Antennenmasten hinunterwindet. Auf unserem Weg haben wir die Möglichkeit, an der Gabelung vom Hinweg mit dem Schild zum Profítis Ilías der unteren Schotterstraße zu folgen. Dabei passieren wir eine schöne, schiefergedeckte kleine Kapelle und einen ehemaligen Trainingsplatz der Armee, bevor wir über eine Betonstraße nach **Samos-Stadt** zurückkehren.

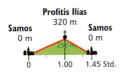

2 Von Samos-Stadt (Vathý) zu zwei sehenswerten Klöstern

3.15 Std.

Klosterbesuch mit Blick auf die Türkei

Obwohl uns diese Wanderung viel über Asphaltstraßen führt, lohnt sich ein Besuch der beiden sehr unterschiedlichen Klöster Agía Zóni und Zoodóchou Pigís. Die besondere Lage des Klosters Zoodóchou Pigís und der herrliche Blick auf die Türkei entschädigen uns für den etwas ermüdenden Asphalt.

Ausgangspunkt: Samos-Stadt, Busstation. Gute Busverbindungen nach und von Samos-Stadt.
Höhenunterschied: 300 m.
Anforderungen: Leicht. An entsprechende Kleidung (keine Shorts oder kurzen Rock) für die Klosterbesuche denken!

Einkehr: Eine Taverne in Agía Zóni, zwei in Kamára.
Hinweis: Öffnungszeiten des Klosters Zoodóchou Pigís: täglich von 9–13 und 17–19 Uhr, freitags geschlossen; falls das Tor während dieser Zeiten geschlossen ist, bitte klingeln.

Vom Meer kommend, gehen wir geradeaus an der **Busstation von Samos-Stadt** vorbei bis zum kleinen Platz mit der Platane und den vielen Schildern. Dort biegen wir links ab, folgen aber sogleich der kleinen, nach rechts abzweigenden Asphaltstraße, die nach ca. 100 m in einen breiten Kalderími übergeht. Mit Blick auf ein hübsches Tal und eine Kapelle gelangen wir nach ca. 5 Minuten in einer Kurve auf die Asphaltstraße, wo wir sofort rechts wieder auf den gepflasterten Weg abbiegen. Der schöne, alte Pfad wurde leider durch Straßenbauarbeiten stark beschädigt. Ob das nun folgende Teilstück bis zu einem Sattel wieder zu begehen sein wird, ist noch offen. Eventuell müssen wir gleich die Fortsetzung der asphaltierten Straße wählen.

Langsam nähern wir uns dem Kloster Zoodóchou Pigís.

Ansonsten gehen wir auf dem Kalderími weiter, bis er später auf die gleiche Straße trifft. Wir gelangen in wenigen Minuten in die fruchtbare Ebene von Vlamari, die bereits in antiker Zeit bewirtschaftet wurde. An der nächsten Gabelung biegen wir rechts ab und erreichen ca. 20 Minuten später Agía Zóni, 120 m, eine kleine Siedlung, die nach dem gleichnamigen Kloster benannt ist. An der nächsten Gabelung wenden wir uns nach links, passieren einen kleinen Friedhof und betreten nach einigen Schritten den idyllisch zwischen Eukalyptusbäumen und Oleander gelegenen Klosterhof. Das aus dem 18. Jahrhundert stammende, »dem Heiligen Gürtel« gewidmete Kloster Agía Zóni wird von drei Mönchen bewohnt. Es lohnt sich, die schöne Ikonostase in der Klosterkirche anzuschauen.

Nach dem Besuch des Klosters setzen wir unsere Wanderung direkt neben der Klostermauer links auf einem Feldweg fort. Dabei passieren wir einige Häuser und halten uns an der nächsten Kreuzung geradeaus weiter am Rand der Ebene entlang in östlicher Richtung. Nachdem wir an einigen Bauernschuppen vorbeigekommen sind, erreichen wir am Ende eines Olivenhains bei einigen Kiefern einen kleinen Sattel. Hier wenden wir uns nach links und wandern auf einem unbefahrbaren Feldweg in nördlicher Richtung weiter. Wie ein Adlernest taucht nun das Kloster Zoodóchou Pigís an der gegenüberliegenden Bergwand auf. Nachdem wir einen alten Bauernhof passiert haben, stoßen wir auf die von rechts kommende Schotterstraße von Mourtiá, die bei einigen neuen Häusern in eine Betonstraße übergeht; auf dieser gelangen wir beim Schild »Ágios Efstáthios« zur Asphaltstraße beim Ortsausgang von **Kamára**.

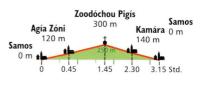

Hier biegen wir rechts ab und passieren auf der Straße einige Militäranlagen, bis wir nach wenigen Minuten, ca. 100 m hinter der Abzweigung nach Mourtiá, auf den Anfang eines alten Kalderími treffen. Diesem folgen wir bergauf

Farbenprächtig und freundlich präsentiert sich das Kloster Zoodóchou Pigís.

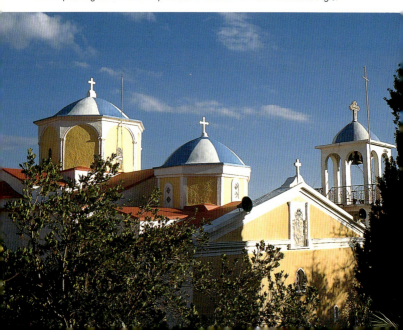

Ausblick auf die samiotische Ostküste und Mykale.

am überwiegend schattenlosen Hang entlang. Zum Glück entschädigt uns der wunderbare Blick auf die samiotische Ostküste und das antike Mykale-Gebirge (jetzt Samsun Dagh). In der Meerenge fand im Jahr 479 v. Chr. eine kriegsentscheidende Seeschlacht zwischen Griechen und Persern statt. Nach einiger Zeit trifft der Pflasterweg auf eine Straße, die wir aber schon in der nächsten Kurve bei einer Treppe wieder verlassen, um unseren Weg auf dem Kalderími bergauf fortzusetzen. Wir passieren ein altes Brunnenhaus und erreichen nach gut 30 Minuten vom Beginn des Kalderímis das **Kloster Zoodóchou Pigís** an einem Friedhof mit Kapelle und Beinhaus. Das heute nur noch von drei Nonnen bewohnte Kloster, das der »lebenschenkenden Quelle« gewidmet ist, hebt sich durch seine wunderschöne Lage von den anderen Inselklöstern ab, ist aber architektonisch nicht herausragend. Wer Glück hat, bekommt aber von den freundlichen Nonnen eine kleine Stärkung gereicht.

Auf dem gleichen Weg zurück wandern wir mit Blick auf die Hochebene von Vlámari in ca. 45 Minuten hinunter nach **Kamára**. Hier können wir in einer der beiden Tavernen eine Rast einlegen, bevor wir von dort in ca. 45 Minuten über die Asphaltstraße und den Kalderími zurück nach **Samos-Stadt** gelangen.

3 Zum heilenden Ágios Jánnis

1.00 Std.

Kurzer Abendspaziergang

Wenn die Hitze des Tages sich ein wenig gelegt hat, lohnt sich dieser kurze Spaziergang durch die engen Gassen von Áno Vathý. Malerisch breitet sich die Bucht von Samos-Stadt unter uns aus; besonders bei Sonnenuntergang ein fantastisches Schauspiel!

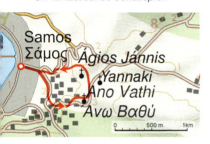

Ausgangspunkt: Samos-Stadt, Busstation. Kostenloser Parkplatz an der Uferpromenade. Busverbindungen nach Samos-Stadt.
Höhenunterschied: 120 m.
Anforderungen: Leichter, kurzer Spaziergang.
Einkehr: Kafenía und Tavernen in Áno Vathý und Samos-Stadt.

Von der **Busstation in Samos-Stadt (Vathý)** folgen wir der Straße hinauf bis zum Platz mit der Platane und den vielen Schildern. Hier gehen wir geradeaus die ziemlich steile Hauptstraße bergauf und halten uns bei der nächsten Abzweigung links. Kurz darauf passieren wir in **Áno Vathý** einen kleinen Platz mit einer Kirche

Die Áy Yannáki-Kirche in Áno Vathý auf unserem Spaziergang.

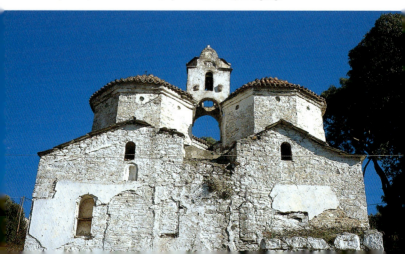

Abendlicher Tiefblick von der Kirche Áy Yannáki auf die Bucht von Samos-Stadt.

und einem renovierten Brunnen aus dem Jahr 1872. Wir gehen den Treppenweg noch ca. 30 m bergan, um bei einem Telegrafenmast und dem Haus mit der Nr. 939 links abzubiegen. Kurz nachdem die schöne postbyzantinische **Doppelkirche des Áy Yannáki** (Johannes der Täufer) in Sicht gekommen ist, wenden wir uns an einer steilen Treppe nach links. Das aus dem Jahr 1585 stammende Gotteshaus enthält noch einige interessante Fresken. Über einen Treppenweg erreichen wir das gleichnamige Freilichttheater und folgen am darüber gelegenen Parkplatz der aufwärtsführenden Asphaltstraße in Richtung Taverne »ΦΕΓΓΑΡΟΦΩΣ« (Fengarófos = Mondlicht). Nachdem wir an einer weiteren Kapelle vorbeigekommen sind, bleiben wir noch ca. 50 m auf der Straße und steigen bei einer Linkskurve geradeaus über einen Kalderími ins Tal hinab. Dort liegt, malerisch von Platanen umgeben, die **Kirche von Ágios Jánnis**, dessen Beiname »Therapeftís« oder »Thermastís« auf heilende Kräfte hindeutet. Nach ca. 20 m auf dem wieder hinaufführenden Kalderími biegen wir links auf einen Feldweg ein, der sich später zu einem Pfad verjüngt und durch kleine Parzellen führt. Bei den ersten Häusern von Vathý erreichen wir in einer Steilkurve die Fahrstraße von Samos-Stadt nach Vlámari, biegen aber gleich links ab und wandern auf dem breiten Hauptkalderími zur Bucht von **Samos-Stadt** hinunter. Das Panorama vom Hof der kleinen Ágios-Dimítrios-Kirche zur Linken ist besonders bei Sonnenuntergang ein wunderschönes Erlebnis.

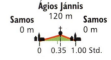

Von Samos-Stadt (Vathý) rund um den Thío zum Profítis Ilías

3.45 Std.

Über Zoodóchou Pigís und die »Bärengrube« zum Profítis Ilías und zurück nach Samos-Stadt

Auf unserer Wanderung verbinden wir den Besuch zweier sehr unterschiedlicher Klöster mit der Besteigung des »Hausberges« Thío. Unterwegs kommen wir an einigen malerischen Kapellen und Badebuchten vorbei. Außerdem bietet die abwechslungsreiche Tour schöne Blicke auf die türkische Küste und die Bucht von Vathi.

Ausgangspunkt: Samos-Stadt, Busstation. Busverbindungen nach Samos-Stadt.
Höhenunterschied: 310 m.
Anforderungen: Leichte Wanderung mit einigen Anstiegen.
Einkehr: In Samos-Stadt und Agía Zóni.

Variante: Vom Kloster Agía Zóni geradeaus auf der Asphaltstraße direkt nach Kamára. Im Dorf kurz rechts, dann sofort links aus dem Ort hinaus. An der nächsten Gabelung links und wie unten beschrieben weiter.

Das wehrhafte Kloster Zoodóchou Pigí.

Die Bucht von Vathý mit Samos-Stadt.

Der erste Teil des Weges von **Samos-Stadt** zu den **Klöstern Agía Zóni** und **Zoodóchou Pigís** folgt der Beschreibung der Tour 2.
Nach dem Besuch des **Klosters Zoodóchou Pigís** gehen wir auf dem Kalderími wieder zurück bis zur Kreuzung mit der Straße nach Moúrtia, biegen rechts ab und wenden uns nach ca. 600 m in einer scharfen Rechtskurve nach links auf eine Schotterstraße. Von nun an geht es zunächst weiter bergauf nach **Arkoudólakka**, einer schön gelegenen Hochebene mit Weingärten und Ziegenställen. Dort halten wir uns links, biegen bei der nächsten Gabelung rechts ab und folgen dem Feldweg am Westrand von Arkoudólakka

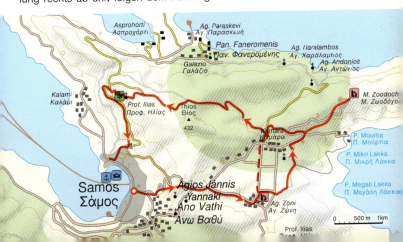

Blick auf die »Bärengrube«: die kleine Hochebene Arkoudólakka.

hinauf zur Passhöhe. Nach weiteren ca. 20 Minuten auf dem Pass zwischen den Thío- und Katsaríni-Gipfeln angekommen, zweigen wir links ab. Von nun an geht es langsam zwischen Kiefern hinauf zu einer zweiten Passhöhe. Wir passieren eine kleine Hochebene mit einer Bauernhausruine. Bevor wir ca. 20 Minuten darauf die **Profítis-Ilías-Kapelle** erreichen, kommt ein Antennenwald in Sicht, der diesem einstmals idyllischen Plätzchen etwas seinen Reiz genommen hat. Von der Kapelle bietet sich uns jedoch eine herrliche Aussicht auf die Bucht von Vathý und die Konturen des Ámbelos-Massivs. Nach einer Rast steigen wir den Hügel in Richtung eines riesigen Steinmannes hinab und treffen ca. 10 Minuten später auf eine Schotterstraße, der wir links in Richtung Samos-Stadt folgen. Ca. 20 Minuten später halten wir beim Erreichen eines Zaunes Ausschau nach der Fortsetzung des alten Pfades: Auf diesen gelangen wir, indem wir die Eingangspforte umgehen und etwas unterhalb über einen niedergetretenen Stacheldrahtzaun klettern. Über deutlichen, aber stellenweise ziemlich zugewachsenen Pfad geht es an einem Kiefernwäldchen vorbei den Hang hinab. Bei einem Heiligenschrein stoßen wir abermals auf eine Schotterstraße, zweigen aber nach ca. 100 m hinter einer Linkskurve und einem kleineren Abzweig nach rechts auf einen teilweise markierten Pfad ab. Dieser führt zuerst nach rechts, anscheinend weg von der Stadt, dann aber steil den Hang hinunter. Der Wegverlauf ist hier nicht mehr klar zu erkennen, aber wir halten einfach auf die markante Zypresse zu. Dort treffen wir auf einen Weg, dem wir nach links folgen und so schnell zurück zur Hafenpromenade gelangen.

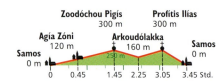

4.30 Std.

Rund um die Halbinsel Nisí 5

Auf unserer Wanderung um den »Hausberg« von Samos-Stadt besuchen wir einige Kapellen und Badebuchten.

Diese abwechslungsreiche Wanderung auf der Halbinsel Nisí im Nordosten der Insel führt uns zunächst zu einer idyllisch gelegenen Kapelle und einem blumenreichen Klosterhof, bevor es mit schönen Ausblicken auf die Türkei an der steilen Küste entlang hinunter zu einigen Badebuchten geht.

Ausgangspunkt: Samos-Stadt, Busstation. Gute Busverbindungen nach Samos-Stadt.
Höhenunterschied: 250 m.
Anforderungen: Leicht, aber lang. Ca. 6 km Asphaltstraße, ansonsten Schotterstraßen und Kaldirímia. Wenig Schatten.
Einkehr: Kafenía und Tavernen in Samos-Stadt, Agía Zóni, Kamára und Nisí; je nach Jahreszeit auch in Galázio.

Beim Weg von **Samos-Stadt (Vathý)** nach **Agía Zóni** orientieren wir uns an der Beschreibung der Tour 2.

Nachdem wir das **Kloster Agía Zóni** besucht haben, durchqueren wir die Ebene auf der Asphaltstraße nach **Kamára**. Dort wenden wir uns kurz nach

Eine kleine Augenweide in der Landschaft.

rechts, biegen aber sofort wieder links in eine schmalere, bergaufführende Asphaltstraße ab. Nachdem wir an einer riesigen Platane vorbeigekommen sind, halten wir uns rechts und wandern auf der Schotterstraße an einigen Häusern vorbei in Richtung der hübschen kleinen, von Weingärten geprägten Ebene von **Arkoudólakka** (»Bärengrube«). An der nächsten Gabelung zweigen wir rechts ab und gehen am Talrand entlang in nördlicher Richtung weiter. Bald kommt die samiotische Nordküste in Sicht. Wir biegen an einer weiteren Gabelung rechts ab und steigen durch Olivenhaine zur Küste hinab. Die winzige Kapelle Ágios Jórgos taucht auf einmal überraschend zwischen dem üppigen Grün vor uns auf. (Wer den nun folgenden Abstecher zur Ágios-Andónios-Kapelle nicht unternehmen möchte, kann hier gleich links in westlicher Richtung weiterwandern.) Wir wenden uns an der nächsten Gabelung scharf nach rechts und umrunden die kleine Mikrí-Ámmos-Bucht in östlicher Richtung. Schon bald darauf kommt die neben einem Felsen gelegene **Ágios-Antónios-Kapelle** in Sicht, die kulturhistorisch zwar nicht sehr bedeutsam ist, aber einen schönen Rastplatz mit Blick aufs Meer und die Türkei bietet.

Wir begeben uns zurück an die zuletzt erwähnte Gabelung und wandern nun in westlicher Richtung an der Küste entlang weiter. Dabei passieren wir nach knapp 30 Minuten die idyllisch im Schatten der Olivenbäume gelegene Kapelle des Ágios Charálambos, bevor der schmale Strand von **Galázio** in unser Blickfeld gelangt. Diese früher so einsame Bucht ist inzwischen mit Sommerhäusern zugebaut. Wer trotzdem Lust zum Baden verspürt, kann hier aufs Neue eine Pause einlegen.

Auf dem betonierten Feldweg setzen wir unseren Weg in westlicher Richtung bis zur Asphaltstraße nach Nisí mit seinen Tavernen fort. Wer zur Bucht Agía Paraskeví mit der gleichnamigen Kapelle möchte, hält sich schon vor der Hauptstraße nach Nisí rechts und durchquert die kleine Sied-

Panoramablick auf den Thío.

lung. Da die alten Pfade immer schwieriger zu finden und meistens zugewachsen sind, müssen wir nun leider einige Kilometer auf der Hauptasphaltstraße in Richtung Samos-Stadt weiterwandern, bis das Schild »Vlamari/Profítis Ilías« an einer Gabelung auftaucht. Hier halten wir uns scharf links und steigen den Hügel hinauf. Nach ca. 25 Minuten erreichen wir ein Plateau, wo wir uns an der nächsten Gabelung nach rechts wenden. Durch eine Schneise wandern wir zwischen dem Óros Thío und dem Kalójiro-Hügel hindurch in Richtung Samos-Stadt. Dabei passieren wir eine neue Ziegentränke, die normalerweise leider verschlossene **Kamára-Höhlenquelle** und eine mit Schiefer gedeckte Kapelle. Von hier dauert es noch ca. 30 Minuten bis an den Nordrand von Samos-Stadt. Mit Ausblicken auf Kokkári und den nordwestlichen Teil von Samos umrunden wir die Nordwestflanke des Thío, wobei uns der Duft von Thymian und Oregano im Frühling in die Nase steigt. Über eine Schotter- bzw. Betonstraße steigen wir nun langsam den Berghang hinab. Bei einem Betonpfeiler mit der Markierung »Υ.Σ.16« biegen wir rechts ab und nachdem wir einen ehemaligen Trainingsplatz der Armee passiert haben, folgen wir der Betonstraße weiter an einer Kapelle vorbei, bis sie in einem Neubauviertel in eine Asphaltstraße mündet. Dort wenden wir uns nach rechts und erreichen am Stadion vorbei in wenigen Minuten die Hafenpromenade von **Samos-Stadt**.

6 Von Psilí Ámmos nach Samos-Stadt

2.00 Std.

Vom »Strand mit feinem Sand« zur Promenade von Samos

Von Psilí Ámmos führt unser Weg durch Felder und Haine über die Höhen von Ostsamos. Auf einem alten Pflasterpfad geht es hinab zur Inselhauptstadt. Die schönen Ausblicke auf die Türkei, die Lagune von Alykí und die Macchialandschaft machen den Reiz dieser Wanderung aus.

Ausgangspunkt: Psilí Ámmos, am Ende der Asphaltstraße. Von Samos-Stadt mit dem Taxi nach Psilí Ámmos (Busse fahren nur im Sommer bei Bedarf); am besten fährt man morgens nach Psilí Ámmos und wandert dann gemütlich zurück.
Endpunkt: Samos-Stadt (Vathý), an der Hafenpromenade.
Höhenunterschied: 150 m.
Anforderungen: Leichte Wanderung auf Feldwegen, zwischen Paleókastro und Tris Ekklisiés ein kurzes Stück auf Asphalt.
Einkehr: Tavernen und Kafenía in Psilí Ámmos, Paleókastro und Áno Vathý.

In **Psilí Ámmos** gehen wir, vom Strand kommend, die Asphaltstraße kurz aufwärts, biegen aber bereits bei der ersten Möglichkeit auf einen schmalen Betonweg ab, der nach dem Ort in einen Pfad übergeht. Nachdem wir die kleine Metamórphosis-Kirche hinter uns gelassen haben, wenden wir uns vor einem schön gelegenen Brunnen nach links und treffen sofort auf die oberhalb gelegene Schotter-/Betonstraße, auf der wir uns links halten. Ein gemütlicher Weg über die langsam ansteigende Straße liegt nun vor uns. Unter uns breitet sich bald die im Sommer ausgetrocknete Salzwasserlagune Alykí aus, wo sich im Februar und März zahlreiche Wasservögel aufhalten, darunter auch viele Flamingos. Das 1994 den Flammen zum Opfer gefallene Gebiet hat sich inzwischen wieder erholt und im Frühling ist die Land-

Im Frühling versammeln sich Flamingos in der Lagune von Alykí.

schaft mit ihren Blumenwiesen, Ginsterbüschen und Heidekraut so farbig wie ein Gemälde von van Gogh.

Wir folgen der Hauptschotterstraße in nördlicher Richtung und ignorieren dabei die Schilder zu den Kapellen Panagía, Ágios Rafaíl und Ágios Ioánnis. Nachdem wir die Kapelle von Ágios Chrysóstomos passiert haben, treffen wir nach insgesamt ca. 1 Stunde auf eine Asphaltstraße. Dort halten wir uns links und durchqueren bald **Paleókastro**, dessen Name auf eine alte Festung hinweist. Wir folgen der Asphaltstraße langsam bergauf bis zum **Tris-Ekklisiés-Pass**. Dieses einstmals idyllische Plätzchen mit den drei aneinandergebauten Kapellen hat seinen Reiz durch die rücksichtslose industrielle Entwicklung rundherum verloren.

Kurz vor der viel befahrenen Straße von Vathý nach Pythagório biegen wir rechts auf eine kleinere, parallel verlaufende Straße ein. Der Einstieg auf den alten Reitweg hinunter in die Bucht von Vathý befindet sich rechts vom letzten Gebäude auf der Anhöhe, einem Möbelgeschäft. Zum Glück ist dieser Kalderími noch nicht betoniert worden, sodass wir von dort auf dem alten Weg nach **Áno Vathý** hinabsteigen können.

Unten angekommen, halten wir uns rechts. In den engen Gassen dieses hübschen Dorfes immer auf gleicher Höhe bleibend, passieren wir mehrere Kirchen und eine urige Dorfkneipe, in der man gut essen kann. Nach ca. 15 Minuten (vom Ortsbeginn) erreichen wir in der Nähe eines Freilichttheaters die schöne Doppelkirche Ay Yannáki. Das letzte Stück hinunter zur Promenade von **Samos-Stadt (Vathý)** dauert nun nicht länger als 10 Minuten und bedarf keiner Wegbeschreibung.

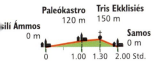

7 Von Pythagório hinauf zur Burg des Polykrátes

Entlang der antiken Stadtmauer

Auf unserem Ausflug in die antike Zeit liefern uns die Überreste der gewaltigen Schutzwälle ein Zeugnis der damaligen Bautechnik und lassen uns erahnen, welchen Gefahren die Menschen ausgesetzt waren. Am Ende der Tour passieren wir den Eingang zum antiken Efpalinío-Tunnel, der für die Wasserversorgung der Stadt errichtet wurde.

Ausgangspunkt: Pythagório, in der »Odós Polykráti« (Ausfallstraße nach Samos-Stadt), bei den Schildern »Efpalinío-Tunnel, Spilianí und Hellenistic Mansion«. Busverbindung von Samos nach Pythagório.
Höhenunterschied: 210 m.
Anforderungen: Leicht; teilweise auf nicht markierten Pfaden und Schotterstraßen; kein Schatten.
Einkehr: Kafenía und Tavernen in Pythagório.
Hinweis: Öffnungszeiten des Efpalíno-Tunnels: täglich von 8.45–14.45 Uhr, außer montags und an Feiertagen, kostenpflichtiger Eintritt.

In **Pythagório** gehen wir auf der Asphaltstraße in Richtung der Beschilderung »Efpalinío-Tunnel und Spilianí«. Hinter der Schule zweigt in einer Kurve ein Betonweg rechts in ein kleines Tal ab. Hier führt ein etwas undeutlicher Ziegenpfad mit spärlichen roten Markierungen aufwärts. Wir steigen den Berg hinauf, lassen zwei in den Fels gehauene kleine Nischen hinter uns und überklettern dort darauf die antiken Mauerreste. Uns zu Füßen breitet sich Pythagório aus und der Windmühlenpark scheint zum Greifen nah. Immer in Mauernähe bleibend, folgen wir den teils überwachsenen Stadtmauerresten bis auf ein Plateau. Dabei passieren wir die Ruine eines Wachturmes und im Kontrast dazu eine verlassene Armeeanlage aus jüngster Zeit. Wir überqueren einen Sattel und stoßen bald auf eine Schotterstraße. Wer diesen Anstieg zu kompliziert findet, geht besser auf der Asphaltstraße weiter bis zu den Treppenstufen, die zum Kloster Spilianí führen, und folgt für den weiteren Weg zum Kastro der Wegbeschreibung von Tour 8. Dabei passiert man die Ausgrabung einer hellenistischen Villa.

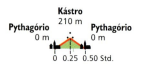

Zeitzeugen der Antike: die fantastisch gehauenen Blöcke der Akropolismauer.

Der malerische Hafen von Pythagório.

Inzwischen beim **Kástro** mit den imposanten Überresten der Akrópolis angelangt, gewinnen wir einen guten Eindruck von ihrer einstigen Größe.
Wir wandern so lange an der Mauer entlang, bis wir bei einem Eckturm (rechts von einer alten Zaunsperre) das Paleókastro verlassen und auf einem Pfad weiterwandern können. Mit Blick auf Chóra, Míli, Pagóndas und die Ámbelos-Kette folgen wir einem erhaltenen Teil des antiken Ringweges. Bald darauf geht es auf einem Monopáti in Richtung eines von der Armee gebauten Feldwegs weiter. Auf dem unteren Plateau halten wir uns an einer Gabelung links und steigen auf einem steinigen, aber sehr deutlichen Pfad hinunter. Während wir den einzigen gut erhaltenen **Wachturm** passieren (es lohnt sich, diesen Turm mit seinen kunstvoll gehauenen Schießscharten aus der Nähe zu betrachten), kommt Pythagório immer näher. Nachdem wir ein Kiefernwäldchen durchquert haben, beenden wir unsere Reise in die Vergangenheit auf der Asphaltstraße, die zum südlichen Eingang des antiken **Efpalínio-Tunnels** führt – ein erstaunliches Zeugnis antiker Ingenieurskunst.

1.50 Std.

Rund um Pythagório 8

Auf den Spuren alter Heiligtümer

Diese Wanderung bietet viele Höhepunkte: Das Kloster Spilianí mit seiner eindrucksvollen Höhlenkirche thront hoch über Pythagório, auf dem Burgberg der antiken Stadt liegt uns der Süden der Insel zu Füßen und schließlich erleben wir eine üppige Natur bei einer kleinen Schluchtwanderung.

Ausgangspunkt: Pythagório, auf der Hauptstraße in Richtung Chóra bei der Abzweigung rechts in die Odós Milítou (nahe dem Parkplatz). Busverbindung von Samos-Stadt oder Iréon nach Pythagório.
Endpunkt: Chóra, 3 km westlich von Pythagório. Rückfahrt mit dem Bus
Höhenunterschied: 210 m.
Anforderungen: Leichte Wanderung, die meistens auf Feldwegen und Pfaden verläuft; wenig Schatten.
Einkehr: Kafenía und Tavernen in Pythagório.
Variante: Von der Abzweigung der Straße rechts nach Chóra (gegen Ende der Wanderung) können wir auch links nach Pythagório zurückgehen; dies sind allerdings 2 km auf einer viel befahrenen Straße.

In **Pythagório** nehmen wir die Hauptstraße Richtung Chóra und biegen beim Fußgängerüberweg in die Odós Milítou ab, lassen kurz darauf einen Bauernhof hinter uns und erreichen eine Asphaltstraße, die links zum Eingang des Efpalínio-Tunnels führt. Diese überqueren wir und steigen eine Treppe hinauf. Sogleich passieren wir eine Freilichtbühne, die auf den Grundmauern des antiken Theaters errichtet wurde, und wandern über ei-

nen steinigen Pfad weiter bergauf, auf dem wir in wenigen Minuten das **Kloster Spilianí** erreichen. Von hier hat man eine schöne Aussicht auf Pythagório, die türkische Küste und die umliegende Inselwelt. In einem antiken Steinbruch auf dem Klostergelände findet sich eine Höhlenkirche. Einem alten Fruchtbarkeitsritual folgend, werfen Frauen mit Kinderwunsch Unterwäsche hinter die Apsis.

Nach dem Besuch des Klosters setzen wir unseren Weg am Anfang des Parkplatzes bei einer Steineiche fort. Ein schmaler, rot markierter Pfad führt uns den Hang oberhalb des Klosters hinauf und wendet sich vor einer steilen Felsformation nach links zum Berg **Kástro**. Bei einem großen Ziegenstall in einer Felsenhöhle setzt sich der spärlich markierte Weg fort zur antiken Stadtmauer (200 m), an der wir uns links halten. Immer in Mauernähe bleibend, lassen wir den Gipfel links liegen und erreichen nach ca. 20 Minuten einen Eckturm. Hier überqueren wir die Mauer. Der Pfad folgt eine kurze Weile dem antiken Ringweg, zweigt aber bald darauf rechts in Richtung eines Feldweges ab. Dieser Weg führt in einem großen Rechtsbogen auf die Nordflanke des Kástro-Berges und bringt uns bequem in die Ebene hinunter. Wir folgen immer dem klar zu erkennenden Hauptweg, gehen an einer Kreuzung geradeaus weiter und überqueren einen Bach. In wenigen Minuten erreichen wir die Doppelkirche in der Streusiedlung **Agiádes**. Die unterhalb

Bei den Überresten des römischen Aquädukts in der Schlucht bei Agiádes.

Blick auf Pythagório mit seinem Kastro.

liegende Ágios-Nikólaos-Kapelle steht auf dem uralten Brunnenhaus. Hier hatte das Wasserleitungssystem des antiken Samos seinen Ursprung und noch immer sprudelt frisches Quellwasser aus der Erde. Der Nordeingang ist heute jedoch nicht mehr zugänglich.

Wir überqueren hier das Bachbett und biegen sofort zwischen zwei Häusern nach links auf einen markierten Pfad ab. Am Bach wandern wir zwischen Oleanderbüschen und Zypressen durch eine kleine Schlucht, die sich zu den Ruinen eines **römischen Aquädukts** hin öffnet. Wir durchqueren ein verlassenes Soldatencamp, auf dem sogar ein ausgedienter Panzer steht. An einer Brücke erreichen wir die viel befahrene Straße von Pythagório nach Chóra (Abzweigung der Variante). Von hier gelangen wir rechts über Feldwege und Pfade in den einstigen Inselhauptort Chóra. Dazu gehen wir 100 m auf der Straße nach rechts, biegen dann rechts auf einen Feldweg ab und folgen sogleich einem parallel zur Straße verlaufenden Weg. Wo dieser wieder auf die Straße zu führen scheint, biegen wir erneut rechts ab und nehmen einen Feldweg, der sich in Richtung des nun schon vor uns liegenden Ortes fortsetzt. Dieser Weg geht in einen schönen Pfad über, der einen Bach überquert und jenseits als Treppenweg die Platía (Hauptplatz) von **Chóra** erreicht.

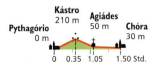

Zentral-Samos

Das Zentrum der Insel wird geprägt von dem Massiv des Ámbelos – auch Karvoúni (Holzkohlenberg) genannt –, dessen 1153 m hoher Gipfel den Namen der dortigen Profítis-Ilías-Kapelle trägt. Leider wurde dieses Gebiet im Jahr 2000 von einem Waldbrand so sehr in Mitleidenschaft gezogen, dass besonders die Umgebung von Kokkári und der östliche und südliche Teil des Massivs rund um Mavratzéï und Pírgos in eine teilweise verkohlte Mondlandschaft verwandelt wurden. Seitdem konnte sich die Natur glücklicherweise erstaunlich gut erholen und das Wandern macht dort wieder Freude. In dieser so überragenden Landschaft mit ihren Felsen, Schluchten und Tälern, Bächen und Flüssen, Olivenhainen und Weinbergen, Macchia und Wald findet der Wanderer zahlreiche Möglichkeiten für schöne und abwechslungsreiche Touren. Besonders am Nordhang der Bergkette liegen malerische Bergdörfer, die teilweise noch immer über jahrhundertealte Pfade zu erreichen sind. Schroff ragen die Felsen des Lázaros und Kástro Lou-

Fischerboote im Hafen von Kokkári.

loúdas mit ihren Fluchtburgen aus der Landschaft empor. Besonders reizvoll ist das zwischen Platanákia und Manolátes gelegene Nachtigallental mit seinen zahlreichen Platanen entlang dem idyllischen Bach. Diese Region eignet sich ebenso für Kurz- wie auch für Tagestouren. Nach anstrengenden Wanderungen laden die Badeorte Kokkári, Ágios Konstantínos und Avlákia zum Schwimmen ein. Während sich die Agrarwirtschaft der Nordküste auf Weinbau und Olivenverarbeitung spezialisiert hat, herrschen am Südhang der Ámbelos-Kette neben Olivenverarbeitung Honiggewinnung und Orangenplantagen vor.

9 Von Mytilinií über das Kástro Louloúdas nach Kokkári

3.30 Std.

Hinauf in schwindelnde Höhen

Steil ragt das Kástro Louloúdas auf einem beeindruckenden Felsen empor, den zu besteigen ein Abenteuer wert ist. Diese Fluchtburg bot den Bewohnern der Gegend in byzantinischer Zeit Schutz vor Angriffen fremder Eroberer und Piraten.

Ausgangspunkt: Mytilinií, an der zentralen Bushaltestelle auf der Hauptstraße. Mit dem Bus ab Samos-Stadt direkt oder über Pythagório nach Mytilinií.
Endpunkt: Kokkári, »Milos Beach Hotel«. Bus von Kokkári nach Samos-Stadt.
Höhenunterschied: Anstieg 340 m, Abstieg 470 m.

Anforderungen: Mittelschwer; meistens auf Feldwegen und Pfaden; wenig Schatten. Beim steilen Aufstieg zum Kástro sind Schwindelfreiheit und Trittsicherheit unbedingt erforderlich (der Abstecher kann aber auch weggelassen werden).
Einkehr: Kafenía und Tavernen in Mytilinií und Kokkári.

Der beeindruckende Berg des Kástro Louloúdas im Ámbelos-Massiv.

Von der Bushaltestelle in **Mytilinií** nehmen wir zunächst die Hauptstraße in Richtung Samos, biegen aber bei einem roten Hydranten links auf eine Betonstraße ab. Wir passieren zwei Kirchen, ignorieren verschiedene Abzweige und folgen geradeaus der »Odós Nikitará« aus dem Ort heraus. Die Betonstraße geht in eine Schotterstraße über. An der ersten Abzweigung vorbei, wandern wir über Terrassen mit Olivenbäumen weiter bis zu zwei kurz hintereinanderfolgenden Gabelungen. An der zweiten mit den Schildern »Theopíito Gefíri« und »Vourliótes« wenden wir uns nach links in Richtung Vourliótes, rechts geht es am riesigen Wasserreservoir vorbei direkt nach Kokkári. Wir nehmen die Straße hinunter zum **Kavouráki-Bach**, den wir an einem idyllischen Platz überqueren.
Langsam geht es nun steiler hinauf, bis wir nach ca. 45 Minuten (ab Bachbett) auf einer windigen Passhöhe die Nordküste erblicken und dort links abbiegen. (Falls man hier schon rechts den Weg nach Kokkári abkürzen möchte, orientiert man sich an Tour 12.)
Vor uns erhebt sich der mächtige Felsen des Kástro Louloúdas wie ein überdimensionaler Eckzahn. Der Weg steigt nun nur noch mäßig an, bis wir nach weiteren ca. 20 Minuten in einer scharfen, betonierten Linkskurve unterhalb des Felsens Ausschau nach einem rot markierten Ziegenpfad halten. Dieser windet sich über ein leicht bewaldetes Geröllfeld hinauf und führt auf einen Sattel am Westhang des Bergs.
Für den nun folgenden Aufstieg zum Gipfel mit dem Kástro Louloúdas ist etwas Bergerfahrung nötig; ungeübte Wanderer sollten darauf verzichten. Wenn

Silbern glitzern die Olivenbäume über Kokkári.

Sie allein sind oder starker Wind den Gipfel umweht, sollten Sie das Panorama lieber vom Sattel aus genießen, ansonsten kann der Aufstieg zu einem gefährlichen Unterfangen werden. Für den Weg zum Gipfel folgen wir den Markierungen, bis wir das letzte Stück über alte, ausgehauene Stufen an der Felswand emporklettern müssen. Oben bietet sich uns ein faszinierendes Panorama und Spuren der einstmaligen Bewohner.

Zurück auf dem Sattel, bleiben wir auf der gleichen Seite der Felswand und folgen den roten Markierungen, die uns im Zickzack über Geröll hinunterleiten. Zum Glück erholt sich der Wald hier von den Bränden im Jahr 2000. Auf dem nicht immer klaren Pfad steigen wir in nordwestlicher Richtung hinab und erreichen nach ca. 10 Minuten bei einigen Terrassen und einem Steinmännchen das letzte Stück eines Waldweges, halten uns hier links und setzen den Weg gemütlich durch dichten Wald und später durch Olivenhaine bergab fort. Bei mehreren Badewannentränken können wir den Weg auf einem Ziegenpfad abkürzen. Erneut auf der Schotterstraße öffnet sich das Tal oberhalb von Kokkári immer mehr vor uns. Schon bald nachdem wir eine Felswand passiert haben, kommt die romantische **Profitis-Ilías-Kapelle** links oberhalb unseres Wegs in Sicht, ein guter Rastplatz. Wir halten uns auf der Hauptschotterstraße weiter bergab und wenden uns an der nächsten Gabelung links. Dem Feldweg folgend, erreichen wir in 15 Minuten beim »Milos Beach Hotel« den westlichen Ortsrand von **Kokkári**.

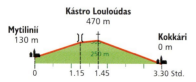

Von Mytilinií nach Platanákia

4.00 Std.

Auf den Spuren des Mittelalters

Von Mytilinií führt uns die Wanderung über den Felsen des Kástro Louloúdas. Vom Gipfel des mittelalterlichen Burgbergs erscheint die Landschaft unter uns wie aus einem Bilderbuch. Unterwegs passieren wir das älteste Kloster der Insel, Moní Vrondá. Es ist der heiligen Maria (Panagía) des Donners geweiht und wird oft auch »Vrondianí« genannt. Der Überlieferung zufolge wurde es 1566 gegründet (eine Quelle spricht sogar von 1476). Beim Abstieg durchqueren wir das malerische Nachtigallental.

Ausgangspunkt: Mytilinií, an der zentralen Bushaltestelle auf der Hauptstraße. Von Samos-Stadt oder Pythagório direkte Busverbindung nach Mytilinií.
Endpunkt: Platanákia. Busverbindungen nach Samos-Stadt oder Karlóvasi.
Höhenunterschied: Anstieg 360 m, Abstieg 490 m.
Anforderungen: Mittelschwer; der steile Aufstieg zum Kástro erfordert unbedingt Schwindelfreiheit und Trittsicherheit; meist Schotterstraßen und Pfade; kaum Schatten.
Einkehr: Kafenía und Tavernen in Mytilinií, Vourliótes und Platanákia.

Für den ersten Teil von **Mytilinií** zum **Kástro Louloúdas** orientieren wir uns an der Wegbeschreibung der Tour 9.
Nachdem wir uns von der mittelalterlichen Fluchtburg verabschiedet haben, steigen wir vom Sattel wieder zur unterhalb gelegenen Schotterstraße hinab und folgen rechts dem Weg zum ältesten Kloster der Insel. Dabei müssen wir zunächst eine kleine Anhöhe überwinden, bevor es bergab geht. Nachdem das Kloster Moní Vrondá in Sicht gekommen ist, wandern wir an einer

Bergkette mit dem Felsen des Kástro Louloúdas (rechts).

Gabelung mit Schildern weiter in Richtung Vourliótes und stoßen kurz darauf auf die Asphalt- bzw. Betonstraße zum **Kloster Moní Vrondá**, 490 m. Es verdankt seinen Namen einem Wetter-Aberglauben, der besagt, dass die Panagía die teilweise fürchterlichen Gewitter abwenden soll. Alljährlich wird hier am 8. und 9. September ein viel besuchtes Heiligenfest gefeiert. Leider konnte die Mutter Gottes aber nicht verhindern, dass Teile der vom Militär benutzten Klosteranlage bei dem Feuer im Jahr 2000 ausbrannten und ihre

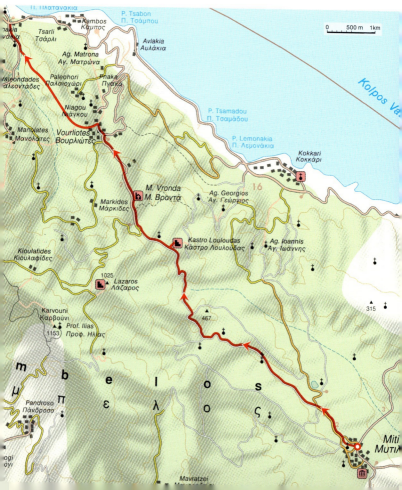

Umgebung in Schutt und Asche gelegt wurde. Im Kloster sind umfangreiche Renovierungsarbeiten im Gange. Es ist seit dem Sommer 2010 wieder zugänglich.

Vom Kloster wandern wir geradeaus auf der Straße in Richtung Vourliótes. Nach ca. 5 Minuten biegen wir hinter einer scharfer Rechtskurve vor einem gelben Haus unter großen Kiefern links auf einen Weg ab. Diese Abkürzung verläuft über einen alten Kalderími und führt uns nach ca. 5 Minuten erneut auf die Straße, der wir weiter bergab folgen. Die Abzweige nach Karsinós und

Kloster Vrondá.

Manolátes außer Acht lassend, erreichen wir in ca. 15 Minuten den Ortsrand von Vourliótes. Hinter der Abzweigung nach Manolátes vor einer Rechtskurve führt ein Betonweg, ein Teil des ehemaligen Kalderími, links abwärts zum Dorfzentrum. Das früher kaum besuchte **Vourliótes** ist seit den achtziger Jahren bei Touristen und Einheimischen ein beliebtes Ausflugsziel. Die Spezialitäten der zahlreichen Tavernen sind Revithokeftédes (Kroketten aus Kichererbsen) und der süße Muskateller-Wein.

Nach einer wohlverdienten Rast verlassen wir den Platz in nordwestlicher Richtung und biegen nach der Taverne »Galázio Pigádi« beim Schild »Manolátes« rechts ab, halten uns unten links und setzen unseren Weg am Friedhof vorbei auf einem rot markierten Pfad fort. Nach ca. 10 Minuten ignorieren wir den linken Abzweig Richtung Manolátes. Obwohl man bei einer zweiten Gabelung geneigt ist, geradeaus hinunterzugehen, halten wir uns links. An zwei Schuppen vorbei führt uns der Pfad durch Hohlwege, Gebüsch und Terrassen mit Olivenbäumen bald steiler hinab. Durch den Bau einer neuen Schotterstraße wird der alte Pfad auf dem letzten Stück unseres Weges leider einige Male unterbrochen, sodass wir besonders genau auf die roten Punkte und Steinmännchen achten müssen. Herrliche Ausblicke auf das Nachtigallental und die Weinberge rund um Manolátes entschädigen uns jedoch für die Mühe. Kurz nachdem wir unten im Wald eine Wiese passiert haben, überqueren wir den Kakórema-Bach und wandern die letzten ca. 15 Minuten auf der Straße rechts nach **Platanákia**.

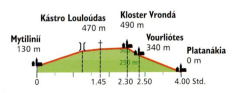

Von Kokkári über das Kloster Vrondá nach Vourliótes

Zufluchtsstätten der Vergangenheit

Durch zunächst prachtvolle Landschaft mit faszinierender Kulisse windet sich der Weg von Kokkári hinauf zum schroffen Felsen des Kástro Louloúdas, bevor wir als zweiten Höhepunkt der Wanderung das malerisch gelegene, älteste Kloster der Insel erreichen. Von dort aus geht es dann weiter zum hübschen Bergdorf Vourliótes, in dem man eine gemütliche Rast einlegen kann.

Ausgangspunkt: Kokkári, »Milos Beach Hotel« am westlichen Ortsrand. Busverbindungen von Samos-Stadt oder Karlóvasi nach Kokkári.
Höhenunterschied: 600 m.
Anforderungen: Mittelschwere Tour aufgrund der Länge; beim Gipfelanstieg zum Kástro sind unbedingt Schwindelfreiheit und Trittsicherheit erforderlich; wenig Schatten.
Einkehr: Kafenía und Tavernen in Kokkári und Vourliótes.
Variante: Vom Sattel unterhalb des Kástro Louloúdas können wir auch den gleichen Rückweg nach Kokkári nehmen; Dauer ca. 1 Std. 10 Min.

Am Ortsrand von **Kokkári** wandern wir vom »Milos Beach Hotel« aus auf einer schmalen Asphaltstraße aufwärts. An der nächsten Gabelung halten wir uns links (rechts geht es nach Pigí Mána und Vourliótes) und folgen beim

Fischer in Kokkári sorgen für ein leckeres Abendessen.

Schild »Mytilinií« der Hauptschotterstraße an einer Betonwand vorbei. Nach ca. 3 Minuten nehmen wir an einer Gabelung den Hauptweg nach rechts. An einem Bauernschuppen gelangen wir nach wenigen Minuten zu einer Abzweigung mit einem Heiligenschrein. Dort wenden wir uns nach rechts und folgen der Beschilderung Richtung »Moní Vrondá«. Über den Feldweg wandern wir nun langsam bergauf, bis wir nach ca. 15 Minuten an einer weiteren Gabelung mit zwei Schildern rechts zu der hübschen postbyzantinischen **Profítis-Ilías-Kapelle** hinauf abbiegen. Dieses ruhige romantische Plätzchen eignet sich zu einer kleinen Rast.

Links von der Kapelle können wir unseren Weg mit einigen Hindernissen auf dem ehemaligen alten Pfad zum Kloster Moní Vrondá fortsetzen. Dieser Pfad führt uns an einigen verfallenen Bauernhöfen vorbei und an zahlreichen Gummischläuchen entlang. Stellenweise umgehen wir zugewachsene Passagen links über Terrassen und auf kaum erkennbaren schmalen Wegen.

Schließlich halten wir uns auf einem Wiesenweg links und erreichen wieder den Hauptweg. (Wer diesen komplizierten Pfad nicht nehmen möchte, geht von der Profítis-Ilías-Kapelle kurz

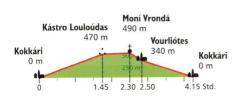

Durch Wald und Weinberge wandern wir gemütlich nach Kokkári.

wieder hinunter zum Hauptweg mit den zwei Schildern und gelangt, sich rechts haltend, zu der gleichen Stelle.)
Nach ca. 20 Minuten (ab Kapelle) erreichen wir bei einem Olivenbaum ein blaues Schildchen mit der Aufschrift »Vourliotes Footpath/Moni Bronda«. Hier steigen wir über einen Geröllpfad rechts hinauf und gelangen in wenigen Minuten zu drei Badewannentränken und einem Schild »Kástro Louloúdas/Moní Vrondá«. Wir wandern weiter nach links über die Schotterstraße durch Olivenhaine, Macchia und Kiefernwald. Gut 10 Minuten später erreichen wir eine Gabelung, an der wir rechts abbiegen. Der Weg führt in Kehren allmählich aus dem Wald hinaus. Rechts von uns erhebt sich der markante Felsen mit dem Kástro Louloúdas. Bei Wiesen mit einigen alten Terrassenmauern halten wir Ausschau nach Steinmännchen und roten Punkten, die uns rechts hinauf zum Sattel unterhalb des Kástro Louloúdas dirigieren.
Auf dem Sattel angelangt, folgen wir den roten Punkten nach links bis unter den Felsen, wo wir über alte, ausgehauene Stufen vorsichtig hinauf zum **Kástro Louloúdas** klettern können. Wer nicht schwindelfrei oder alleine unterwegs ist, sollte auf diesen Abstecher besser verzichten. Das Gleiche gilt – hier oben nicht selten – bei starkem Wind. Der Blick von oben auf Kokkári, die samiotische Nordküste und auf die Türkei ist jedoch großartig.
Zurück am Sattel, folgen wir für den weiteren Weg zum Kloster **Moní Vrondá** und **Vourliótes** der Beschreibung von Tour 10.

In **Vourliótes** setzen wir unseren Weg an der Bushaltestelle am Ortsrand auf der Straße zunächst in Richtung Meer fort. Vorbei an der Taverne »Péra Vrísi« und dem Brunnenhaus biegen wir nach ca. sieben Minuten beim merkwürdig formulierten Schild »Kokkari Pezodromio/Kokkari Pavement« rechts auf eine Betonstraße ab, die sogleich in einen neu angelegten Pflasterweg übergeht. Bald darauf mündet dieser in einen mit roter Raute markierten Kalderími, auf dem wir durch Olivenhaine und Weinberge hinunterwandern. Leider sind hier noch die Schäden der Waldbrände sichtbar. Auf unserem Weg überqueren wir ein im Sommer trockenes Bachbett und folgen dem im weichen Kalksteinboden tief ausgetretenen Pfad hinunter durch den verbrannten Wald. Dabei kreuzen wir bei gut sichtbaren Steinmännchen dreimal eine Schotterstraße. Nach ca. 1 Stunde gelangen wir wieder in eine üppige Vegetation und erreichen einen kleinen Bach, den wir überqueren. Wir folgen den Markierungen weiter und treffen bald darauf auf einen mit verschiedenen Farben markierten Feldweg, der uns an Treibhäusern vorbei unter einem Aquädukt mit einem Ikónisma (Heiligenschrein) hindurchführt. Wenige Minuten später stoßen wir auf die schmale Asphaltstraße vom Beginn der Wanderung, die uns in ca. 5 Minuten zurück zum Ortsrand von **Kokkári** bringt.

Idyllisch liegt die Profítis-Ilías-Kapelle über Kokkári.

12 In den Bergen über Kokkári

4.15 Std.

Vom ehemaligen Fischerdorf über ein traditionelles Bergdorf in die Vergangenheit

Im Schatten des markanten Lázarosgipfels lernen wir die Landschaft oberhalb von Kokkári kennen. Nach dem Besuch des sehenswerten Bergdorfs Vourliótes und des Klosters Moní Vrondá steigen wir auf einsamen Wegen wieder zur Nordküste ab.

An der Pforte des Klosters Vrondá.

Ausgangspunkt: Kokkári, »Milos Beach Hotel« am westlichen Ortsrand. Bus von Samos-Stadt und Karlóvasi.
Höhenunterschied: 600 m.
Anforderungen: Mittelschwer wegen der Länge der Wanderung; beim Anstieg zum Kástro-Gipfel sind Schwindelfreiheit und Trittsicherheit unbedingt erforderlich.
Einkehr: Kafenía und Tavernen in Kokkári und Vourliótes.

Beim »Milos Beach Hotel« in **Kokkári** biegen wir in die schmale, leicht ansteigende Asphaltstraße ein. Nachdem sie wenige Minuten später in einen Feldweg übergegangen ist, wenden wir uns an einer gut markierten Abzweigung nach rechts. Uns weiter rechts haltend, passieren wir ein kleines Tal mit Treibhäusern und gelangen unter dem Bogen eines alten Aquädukts mit Ikónisma (Heiligenschrein) hindurch bald auf den Pfad nach Vourliótes. Außer mit verblichenen roten und blauen Punkten ist er jetzt mit einer roten Raute und zahlreichen Steinmännchen markiert, sodass wir den Weg nicht verfehlen können. Nachdem wir ein Bachbett überquert haben, kreuzt unser Pfad kurze Zeit später eine Schotterstraße und bald darauf werden wir mit der noch deutlichen Zerstörung des großen Waldbrandes im Jahr 2000 konfrontiert, von dem sich die Natur langsam wieder erholt. Wir folgen dem im weichen Kalksteinboden ausgewaschenen Pfad durch einen Taleinschnitt hinauf. Wir kreuzen die Schotterstraße noch zweimal und steigen nun schnell auf eine Höhe von 200 m an und wandern kurze Zeit an einem felsigen Bachbett entlang. Nachdem wir den Bach überquert haben, steigen wir über einen Kalderími bergauf. Ca. 15 Minuten später stoßen wir auf einen neuen Pflasterweg, der in eine Asphaltstraße einmündet. Hier wenden wir uns nach links und treffen nach weiteren ca. 10 Minuten auf der von Tavernen umgebenen Platía des Bergdorfes **Vourliótes** ein.

Nach einer Stärkung verlassen wir den Platz in südöstlicher Richtung, passieren die Bushaltestelle sowie eine Telefonzelle und folgen der Hauptstraße kurz aufwärts. Bei einem Elektrizitätsmast und einer Schreinerei können wir über Treppenstufen hinauf die Straße zum Kloster Vrondá zweimal abkürzen. Kurz nachdem wir einen roten Hydranten passiert haben, stoßen wir erneut auf die Straße. Dieser folgen wir weiter bergauf, bis wir acht Minuten später nach einer modernen Kapelle diese Straße wieder auf dem alten Kalderími abkürzen können. Bald darauf erreichen wir das an einem Berghang gelegene **Kloster Moní Vrondá**.

Nach dem Besuch des Klosters wandern wir weiter durch Weinberge und lassen dabei einen Abzweig zur Rechten unbeachtet. Langsam an Höhe gewinnend, führt uns die kaum befahrene Schotterstraße durch Olivenhaine,

Bei der Ágios-Ioánnis-Kapelle können wir uns mit Quellwasser erfrischen.

Weingärten und Wiesen. Es dauert nicht lange, bis wir uns an einer beschilderten Abzweigung geradeaus in Richtung Mytilinií halten und schon bald den Bergrücken unterhalb des Kástro-Felsens erreichen. Nach ca. 20 Minuten (ab Kloster) ist Wachsamkeit geboten, denn bald zweigt in einer betonierten, scharfen Rechtskurve unterhalb eines Geröllfeldes links der markierte Pfad zum Sattel und weiter hinauf zum **Kástro Louloúdas** ab (siehe Tour 9).

Wieder zurück auf der Straße, geht es von nun an bergab. Ca. 30 Minuten später erreichen wir einen Höhenrücken mit wunderschönem Blick auf die Bucht von Vathý. Hier lassen wir an einer Gabelung mit blauen Schildern den rechten Abzweig außer Acht und folgen dem durch eine kleine Schneise führenden Weg links bergab. Nach weiteren ca. 10 Minuten erreichen wir abermals eine Gabelung, wo wir bei einem Steinmännchen links auf einen schmalen Feldweg abbiegen und in ca. 15 Minuten zum Bach hinuntergelangen. Es ist schön zu sehen, dass sich der nach dem Feuer von 1986 verödete Hang langsam erholt und dort frische Kiefern wachsen. Nachdem wir das Bachbett überquert haben, geht es wieder bergauf. Wir passieren ein Haus mit Weingarten und erreichen in ca. 15 Minuten eine Gabelung mit dem gelben Schild »Kokkári«. Obwohl auch der linke Abstieg nach Kokkári möglich ist, halten wir uns hier rechts, biegen aber schon bald an der nächsten Gabelung mit einem weiteren Schild »Kokkári« nach links ab. Kurz darauf wenden wir uns bei der Abzweigung mit dem Schild »Adiéxodo« (»Sackgasse«) nach links (rechts geht es über einen breiten Feldweg abermals nach Kokkári). Nach acht Minuten halten wir uns bei einem Steinmann und roten Punkten auf einem Olivenbaum links. In wenigen Minuten erreichen wir die schön gelegene **Kapelle Ágios Ioánnis** mit einer alten Quelle und einer riesigen Platane, wo wir eine Rast einlegen können.

Für das letzte Stück nach Kokkári lassen wir die Quelle links von

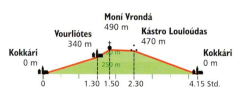

uns liegen und folgen dem Pfad an der linken Seite des Bachbettes entlang bis zu einer Schotterstraße. Auf dieser gehen wir weiter den Hügel abwärts, bis wir bei Steinmännchen eine weit ausholende Kurve abkürzen können. Wieder auf der Straße, halten wir uns sogleich in einer scharfen Rechtskurve beim Schild »Mytilinií« rechts und biegen links sofort in einen Hohlweg ab. Dabei queren wir das Bachbett der Vígla und treffen nach ca. 10 Minuten auf eine Schotterstraße. Dieser folgen wir bis zur Umgehungsstraße, überqueren sie und erreichen ca. 10 Minuten später (ca. 25 Minuten ab Kapelle) bei der Kirche das Zentrum von **Kokkári**.

Vom Kástro Louloúdas sieht man in der Tiefe Kokkári.

13 Von Kokkári nach Ágios Konstantínos

4.45 Std.

Große Wanderung über die Dörfer am Nordhang der Ámbelos-Kette

Am Nordhang der Ámbelos-Kette entlang besuchen wir eine Reihe hübsch gelegener Bergdörfer, von denen jedes seinen eigenen Charakter und Reiz besitzt. Das Auf und Ab zu Beginn der Wanderung fordert ein wenig Kondition, der zweite Teil ist jedoch ausgesprochen erholsam.

Ausgangspunkt: Kokkári, »Milos Beach Hotel« am westlichen Ortsrand. Busverbindung von Samos-Stadt oder Karlóvasi.
Endpunkt: Ágios Konstantínos. Bus in Richtung Samos-Stadt oder Karlóvasi.
Höhenunterschied: 680 m.

Anforderungen: Mittelschwere Tour, bedingt durch einige An- und Abstiege sowie die Länge der Wanderung. Meist eindeutig markiert mit einer roten Raute.
Einkehr: Kafenía und Tavernen in allen Orten.

Für die Etappe von **Kokkári** nach **Vourlióte**s verwenden wir die Wegbeschreibung der Tour 12.
Nach einer kleinen Stärkung auf der Platía verlassen wir **Vourlióte**s in westlicher Richtung und gehen sogleich beim blauen Schild »Manolátes« rechts die Treppenstufen hinunter bis zu einer Betonstraße. Dort halten wir uns links, passieren den Friedhof, folgen dem zum Pfad gewordenen markierten Weg weiter hinab und biegen links auf einen Feldweg ein. Nach 12 Minuten zweigen wir an einer Gabelung links in Richtung Manolátes ab und erreichen die kleine **Kapelle Ágios Spirídon** mit wunderschönem Blick auf Manolátes und die umliegenden Weinberge.
Von dort führt uns der gut markierte Pfad steil durch Olivenhaine und Kiefernwald hinunter zum **Kakórema-Bach**, dessen Name »schlechter Bach«

Hinter Áno Ágios Konstantínos erblicken wir das Meer.

bedeutet. Unten lädt ein idyllisches, schattiges Plätzchen mit riesigen Platanen und üppiger Vegetation einen Moment zum Verweilen ein.
Wir überqueren den Bach und stoßen auf einen Feldweg, dem wir nur wenige Meter nach rechts folgen, um bei einigen Steinmännchen und einer roten Raute in einen aufwärtsführenden Pfad einzubiegen. Ein steiler Anstieg bleibt uns nicht erspart, doch zum Glück spendet der Wald reichlich Schatten. Wir bleiben auf dem markierten Pfad und nachdem wir in etwas freierem Gelände an einem Schuppen vorbeigegangen sind, durchqueren wir gleich darauf einige Weingärten, bevor der Pfad kurze Zeit später in einen Weg übergeht. Durch Weinberge und an weiteren Schuppen vorbei geht es hinauf, bis wir einen Feldweg erreichen. Diesem folgen wir nach rechts, halten uns bei der folgenden Gabelung links und gehen hinter einem Schuppen den mit roten Rauten markierten Pfad aufwärts durch Weinberge. Wir erreichen einen Betonweg, der uns an den östlichen Ortsrand von **Manolátes** führt. In wenigen Minuten gelangen wir ins Zentrum dieses hübschen Bergdorfes, das in den letzten Jahren Töpfer und Maler angezogen hat.
Wir durchqueren den Ort aufwärts und passieren oberhalb der Platía das alte Brunnenhaus, das inzwischen von einer Taverne mit einbezogen wird.

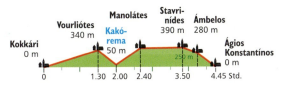

Kurz oberhalb davon biegen wir am westlichen, oberen Ortsende bei einem mit einer roten Raute markierten Laternenpfahl rechts ab. Der nun gut markierte Pfad schlängelt sich um das Tal herum, überquert einen Bach und erreicht eine Schotterstraße. Dieser folgen wir nach rechts abwärts, wo sie sogleich auf die unbefestigte Verbindungsstraße nach Stavrinídes trifft. Dieser fast eben verlaufende Weg führt in westlicher Richtung weiter und umrundet das Tal. Unterwegs erfreuen wir uns der schönen Blicke auf Manolátes zurück und hinunter in die Ebene von Kámbos. Eine knappe Stunde hinter Manolátes erreichen wir eine Gabelung von zwei breiteren Wegen, die beide nach Stavrinídes führen. Schöner ist es, dem dazwischenliegenden alten Pfad zu folgen. Der Einstieg befindet sich ein wenig unterhalb unseres Weges bei einem alten Schild mit der Aufschrift »Stavrinides« und blauen Punkten. Die ersten Häuser des Ortes kommen schon in Sicht. Wir haben jedoch noch eine kleine Strecke durch dichten Wald vor uns. Wir kreuzen abermals ein Bachbett, um bei einem schönen Brunnen über einen teilweise betonierten, oft rutschigen Kalderími zum Ortsrand von **Stavrinídes** zu gelangen.

Die Quellen von Pnaká spenden herrlich kühles Wasser.

Der Fischfang spielt heute nur noch eine untergeordnete Rolle.

Wir durchqueren den Ort in nordwestlicher Richtung und erreichen bei einer Taverne die asphaltierte Fahrstraße nach Ágios Konstantínos. Die schönen Ausblicke auf die Küste und das unter uns liegende Tal mit seinen Weingärten lassen die nun folgenden zwei Kilometer auf der Asphaltstraße nicht langweilig werden. Kurz nachdem wir den Friedhof von **Ámbelos** (280 m) passiert haben, biegen wir links in eine Gasse ab und erreichen bei der Hauptkirche die Platía mit ihren Tavernen. Der Ort wird von seinen Bewohnern liebevoll »Balkon von Samos« genannt.

Wir folgen der in nördliche Richtung führenden Gasse über eine Treppe hinunter zur Straße. Zunächst wandern wir am renovierten Brunnenhaus vorbei den Berg hinab, bis wir ca. 20 Minuten später rechts vom Weg bei Leitplanken in einer Linkskurve Ausschau nach schlecht sichtbaren blauen Markierungen halten. Wir klettern über die Leitplanke und folgen von nun an einem Pfad in Serpentinen durch Weingärten und Olivenhaine bergab. Kurze Zeit darauf trifft der Pfad auf den eigentlichen Kalderími, wo wir uns rechts halten. Dabei passieren wir die etwas versteckt oberhalb gelegene Kirche Ágios Dimítrios aus dem Jahre 1803 und erreichen bald einen Waldweg, auf dem wir uns nach links wenden. Wir überqueren sogleich das Bachbett nach rechts und gelangen in wenigen Minuten zur Ortsmitte von **Áno Ágios Konstantínos**, 40 m. Nun dauert es nur noch 5 Minuten, bis wir über die abwärtsführende Betonstraße und einen rechts abbiegenden Kalderími nach **Ágios Konstantínos** gelangen.

14 Von Kámbos nach Kokkári

2.15 Std.

Zu den schönen Fresken der Agía-Matróna-Kapelle

Vielseitig gestaltet sich diese Wanderung mit dem Besuch der eindrucksvollen Fresken in der Kapelle Agía Matróna, der alten Pnaká-Quelle und dem hübsch gelegenen Bergdorf Vourliótes.

Ausgangspunkt: Kámbos, an der Abzweigung nach Paleochóri beim Schild »Savala/Kambos-Beach« auf der Hauptstraße von Samos-Stadt nach Karlóvasi, oberhalb von Kámbos am östl. Ortsende. Mit dem Bus ab Samos-Stadt oder Karlóvasi zur Abzweigung in Kámbos.
Endpunkt: Kokkári, »Milos Beach Hotel« am westlichen Ortsrand. Bus in Richtung Samos-Stadt und Karlóvasi.

Höhenunterschied: 350 m.
Anforderungen: Leichte Wanderung über gut markierte Betonstraßen, Kalderímia und Pfade (blaue und rote Zeichen). Beim Abstieg kurze unwegsame Abschnitte.
Einkehr: Kafenía und Tavérnen in Pnaká (nur im Sommer), Vourliótes und Kokkári.
Hinweis: Abstecher zur Gipfelkapelle; Dauer ca. 15 Minuten hin und zurück.

Bevor wir die Wanderung von **Kámbos** nach Vourliótes beginnen, lohnt ein kurzer Abstecher zu der weithin sichtbaren **Profítis-Ilías-Kapelle** über Kámbos. Dazu folgen wir der Hauptstraße Richtung Samos auf einen Sattel. Dort beginnt an einem Baum mit weißem Kreuz der nur 5-minütige Aufstieg zur Gipfelkapelle auf einem schmalen, weiß markierten Pfad. Der Blick auf die

Rückblick auf die Kámbosebene mit der Agía-Matróna-Kapelle.

Ebene von Kámbos und die Tsamádou-Bucht ist beeindruckend. In den Bergen lässt sich bereits Vourliótes ausmachen.

Wieder zurück am eigentlichen Ausgangspunkt der Wanderung gehen wir beim Schild »Vourliotes« zunächst auf einem betonierten Kalderími aufwärts. Wir passieren den Weiler Paleochóri und kommen zur schön gelegenen spätbyzantinischen Kreuzkuppelkapelle **Agía Matróna**. Die relativ gut erhaltenen Fresken stellen Paradies- und Martyrerszenen gegenüber.

Ca. zwei Minuten später kommen wir an eine Gabelung und folgen dem linken Weg bergan. Vorbei an einer Kapelle treffen wir bald auf die Fortsetzung des alten Kalderími, der sich zwischen Obst- und Weingärten hinaufschlängelt. Nach ca. 30 Minuten (ab Kámbos) erreichen wir das idyllische Fleckchen **Pnaká**, wo wir im Schatten einiger Platanen unseren Durst mit kühlem Quellwasser stillen können, das aus drei Öffnungen sprudelt. Inzwischen gibt es hier auch eine Sommertaverne.

Von Pnaká aus folgen wir erneut dem nun leider wieder betonierten Kalderími aufwärts, bis wir eine weitere Kapelle passieren. Kurz dahinter biegen wir rechts auf den hier gut erhaltenen alten Pflasterpfad ab, queren noch einige Male den Betonweg und erreichen 20 Minuten nach Pnaká den Ortsrand von Vourliótes. Wir passieren sogleich die Grundschule und kurz darauf eine Kirche. Dahinter halten wir uns links und kommen durch schmale Gassen in wenigen Minuten zum traditionellen Dorfplatz von **Vourliótes**, wo Tavernen und Kafenía zu einer Rast einladen. Für den weiteren Weg von Vourliótes nach **Kokkári** gehen wir rechts an der blauen Taverne vorbei zur Bushaltestelle. Von dort orientieren wir uns an der Wegbeschreibung der Tour 11.

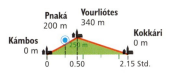

15 Durch das Nachtigallental

1.15 Std.

Auf der Suche nach den Nachtigallen

Bei dieser gemütlichen Runde von einer Wanderung zu sprechen, wäre übertrieben, dennoch sollten wir den Spaziergang durch das wunderschöne Nachtigallental nicht auslassen.

Kronen-Anemone.

Ausgangspunkt: Platanákia, Abzweigung in Richtung Manolátes. Mit dem Bus von Samos-Stadt oder Karlóvasi.
Höhenunterschied: 150 m.
Anforderungen: Leichter Spaziergang; viel Schatten.
Einkehr: Kafenía und Tavernen in Platanákia und im Nachtigallental.

In **Platanákia** an der Abzweigung Richtung Manolátes folgen wir der Asphaltstraße durch den herrlichen Platanenwald am Bach entlang. Wir kommen an zwei idyllisch im Wald gelegenen Ausflugslokalen vorbei und biegen kurz darauf, nach ca. 20 Minuten Gesamtgehzeit, vor der Betonbrücke rechts auf eine zunächst betonierte Schotterstraße ab. Dieser folgen wir, halten uns an einem Bauernhaus rechts und gehen durch Weinberge aufwärts. Dabei genießen wir einen schönen Blick auf das Nachtigallental. Wir ignorieren kleinere Abzweige und wandern weiter bergauf. Nachdem wir 15 Minuten nach Verlassen der Asphaltstraße bei einem Haus auf einem kleinen **Sattel** (140 m) angelangt sind, liegt uns Platanákia zu Füßen.

An der direkt folgenden Gabelung halten wir uns rechts und umrunden das Tal mit schönem Blick aufs Meer und die weiße Profítis-Ilías-Kapelle. Weiter geht es immer dem Hauptweg folgend vorbei an Feldern, Weinbergen und vereinzelten Häusern, bis wir 10 Minuten später eine Gabelung erreichen. Unser Weg führt rechts hinunter. Nach einer steilen Kurve schweift der Blick in die Berge mit dem Dorf Manolátes. Nach einer weiteren Kurve verläuft der Weg wieder in

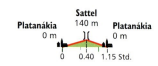

Licht und Schatten über den Weinbergen des Nachtigallentals.

Richtung Meer. Wir bleiben auf dem klar zu erkennenden Hauptweg, verlieren allmählich an Höhe und passieren bald die **Johannes-der-Täufer-Kapelle** unter einem großen Johannisbrotbaum. Linker Hand ist nun der Hafen von Ágios Konstantínos zu erkennen. Der Weg biegt nach rechts ab. Auf der gegenüberliegenden Talseite liegt die Ruine einer alten Wassermühle: Das für den mediterranen Raum übliche System besteht aus einer offenen Wasserleitung, die abrupt endet, wodurch das Wasser steil in einem Schacht herabfällt, um einen Mühlstein anzutreiben. Wir kommen an einer neuen Villa und einem Hotel vorbei und erreichen ca. 15 Minuten später die Fahrstraße nach Manolátes, wo wir links sogleich die Bushaltestelle in **Platanákia** erreichen.

16 Von Platanákia nach Manolátes

Schattenreiche Wanderung zum malerisch gelegenen Manolátes

Schattenreiche Pfade führen uns durch ein wunderschönes Bachtal mit vielen großen Platanen, durch Weingärten sowie Olivenhaine hinauf zum malerisch gelegenen Bergdorf Manolátes.

Ausgangspunkt: Platanákia, an der Abzweigung nach Manolátes. Mit dem Bus von Samos-Stadt oder Karlóvasi.
Höhenunterschied: 610 m.
Anforderungen: Etwas anstrengende Tour aufgrund der zwei Anstiege; mit Steinmännchen und Farben gut markiert; meistens im Schatten;
Einkehr: Kafenía und Tavernen in Platanákia und Manolátes.

In **Platanákia** nehmen wir an der Abzweigung die Asphaltstraße in Richtung Manolátes, lassen die ersten Markierungen außer Acht und biegen nach ca. 10 Minuten, noch vor der Kapelle des Heiligen Savvas, bei einem Felsblock mit roten und gelben Punkten links auf einen Pfad ab. Wir überqueren gleich darauf den Bach, wandern weiter durch den Wald und stoßen auf eine Schotterstraße, der wir kurz nach rechts folgen. Bei der nächsten Gabelung gehen wir auf dem Weg weiter. Nach ca. 30 m finden wir links bei einem Steinmännchen und einem roten Punkt den Einstieg auf einen alten Pfad. Wir passieren einen Felsbrocken und stoßen nach 5 Minuten abermals auf die Schotterstraße, auf der wir zunächst ziemlich steil ansteigen. Es empfiehlt sich, vorerst nicht mehr den weiteren Teilstücken des ehemaligen Pfades zu folgen, da dieser zugewachsen und kaum passierbar ist. Nach gut 15 Minuten Aufstieg erreichen wir auf einer Anhöhe einen abzweigenden Kaldérimi, der nun nur noch erfreulich sanft ansteigend durch Felder und Hecken führt. Dieser Pfad geht 10 Minuten später in einen Feldweg über. Nach weiteren ca. 10 Minuten setzt der Weg zu einer Linkskurve an und führt im weiteren Verlauf abwärts. An dieser Stelle gehen wir geradeaus auf der nun wieder erhaltenen Fortset-

Blick auf das malerische Künstlerdorf Manolátes.

zung des Kalderími weiter. Schon wenige Minuten später verzweigt sich der alte Pfad an einer Gabelung kurz vor **Vourliótes**. Links führt er in 20 Minuten nach Vourliótes, ein absolut lohnender Abstecher, wenn Sie den Ort nicht schon bei einer anderen Wanderung kennengelernt haben.

Die hier beschriebene Tour setzt sich aber auf dem rechten Weg fort. Wir erreichen bald die kleine Kapelle Ágios Spirídon mit wunderschönem Blick auf Manolátes und die umliegenden Weinberge. Von dort führt uns der gut markierte Pfad steil durch Olivenhaine und Kiefernwald hinunter zum **Kakórema-Bach**, dessen Name »schlechter Bach« bedeutet. Unten lädt ein idyllisches, schattiges Plätzchen mit riesigen Platanen und üppiger Vegetation einen Moment zum Verweilen ein.

Wir überqueren den Bach und stoßen auf einen Feldweg, dem wir nur wenige Meter nach rechts folgen, um bei einigen Steinmännchen und einer roten Raute in einen aufwärtsführenden Pfad einzubiegen. Ein steiler Anstieg bleibt uns nicht erspart, doch zum Glück spendet der Wald reichlich Schatten. Wir bleiben auf dem markierten Pfad und nachdem wir in etwas freierem Gelände an einem Schuppen vorbeigegangen sind, durchqueren wir gleich darauf einige Weingärten, bevor der Pfad kurze Zeit später in einen Weg übergeht. Durch Wein-

berge und an weiteren Schuppen vorbei geht es hinauf, bis wir einen Feldweg erreichen. Diesem folgen wir nach rechts, halten uns bei der folgenden Gabelung links und gehen hinter einem Schuppen den mit roten Rauten markierten Pfad aufwärts durch Weinberge. Wir erreichen einen Betonweg, der uns an den östlichen Ortsrand von **Manolátes** führt. In wenigen Minuten gelangen wir ins Zentrum dieses hübschen Bergdorfes, das in den letzten Jahren Töpfer und Maler angezogen hat.

Für die Route zurück nach Platanákia nehmen wir die Fahrstraße ca. 15 Minuten abwärts, bis wir rechts auf den ausgeschilderten Pfad abbiegen. Wir stoßen auf eine Schotterstraße, der wir nach links folgen. Nach wenigen Minuten biegen wir links auf einen Pfad ein, der zur Evangelismós-Kapelle führt. Hier biegen wir links auf den Kalderími ein und erreichen nach weiteren 10 Minuten den Grund des Nachtigallentals in der Nähe der beiden Ausflugslokale. Auf der Fahrstraße nach rechts gelangen wir in ca. 20 Minuten nach **Platanákia**.

Im Tal des Kakórema-Bachs.

| 3.00 Std. | **Von Platanákia über Manolátes nach Stavrinídes** | 17 |

Wanderung zu den Dörfern am Nordhang des Ámbelos-Massivs

Diese Tour führt uns in die waldreiche Bergwelt im Nordosten von Samos. Auf gut markierten Wegen und alten Pfaden wandern wir mit wunderschönen Ausblicken von Dorf zu Dorf am Ámbelos-Massiv entlang.

Ausgangspunkt: Platanákia, an der Abzweigung nach Manolátes. Busverbindungen von Samos-Stadt und Karlóvasi.
Endpunkt: Ágios Konstantínos. Busse in Richtung Samos-Stadt und Karlóvasi.
Höhenunterschied: 390 m.
Anforderungen: Gemütliche Wanderung, meistens auf Pfaden und Schotterstraßen, wenig Asphalt; schattig.
Einkehr: Kafenía und Tavernen in allen Orten.

An der Abzweigung in **Platanákia** nehmen wir die Asphaltstraße in Richtung Manolátes durch das Nachtigallental am Bach entlang. Vorbei an einigen Ausflugslokalen überqueren wir bald darauf den Bach und zweigen nach knapp 20 Minuten (ab Ausgangspunkt) sofort hinter der Betonbrücke an einem gelben Haus links (Odós Aidonión 23) auf einen aufwärtsführenden, markierten Pfad ab. Nach gut fünf Minuten treffen wir auf einen Weg, wo wir uns nach rechts wenden und sogleich zur **Evangelismós-Kapelle** und einem Haus gelangen. Auf dem mit Erde bedeckten Kalderími erreichen wir sogleich bei einem weißen Haus eine Schotterstraße, der wir nach rechts folgen, bevor wir nach wenigen Minuten bei einem roten Punkt links auf den aufwärtsführenden Pfad abbiegen. Knapp 10 Minuten später stoßen wir auf die Asphaltstraße. Dort gelangen wir links in ca. 15 Minuten an einigen Tavernen vorbei hinauf zum Ortsrand des malerisch gelegenen Bergdorfes Manolátes. Wir biegen hier aber rechts ab und zweigen nach ca. 70 m beim Schild »Manolátes 400 m Oundades 6 km« links auf die Betonstraße hinauf ab. Mit Blick auf die Schlucht wandern wir durch eine grüne Landschaft bergauf und treffen nach gut 10 Minuten auf eine Gabelung, wo wir uns links halten. Wir

gelangen auf der Betonstraße in wenigen Minuten zu der im oberen Teil von **Manolátes** gelegenen alten Quelle, gegenüber dem Kafenío Jorjídes.
Kurz oberhalb davon biegen wir am westlichen, oberen Ortsende bei einem mit einer roten Raute markierten Laternenpfahl rechts ab. Der nun gut markierte Pfad schlängelt sich um das Tal herum, überquert einen Bach und erreicht eine Schotterstraße. Dieser folgen wir nach rechts abwärts, wo sie sogleich auf die unbefestigte Verbindungsstraße nach Stavrinídes trifft. Dieser fast eben verlaufende Weg führt in westlicher Richtung weiter und umrundet das Tal. Unterwegs erfreuen wir uns der schönen Blicke auf Manolátes zurück und hinunter in die Ebene von Kámbos. Eine knappe Stunde hinter Manolátes erreichen wir eine Gabelung von zwei breiteren Wegen, die beide nach Stavrinídes führen. Schöner ist es, dem dazwischenliegenden alten Pfad zu folgen. Der Einstieg befindet sich ein wenig unterhalb unseres Weges bei einem alten Schild mit der Aufschrift »Stavrinídes« und blauen Punkten. Die ersten Häuser des Ortes kommen schon in Sicht. Wir haben jedoch noch eine kleine Strecke durch dichten Wald vor uns. Wir kreuzen abermals ein Bachbett, um bei einem schönen Brunnen über einen teilweise betonierten, oft rutschigen Kalderími zum Ortsrand des winzigen Dorfes **Stavrinídes** zu gelangen.

Dorfplatz von Vourliótes.

Die spätbyzantinische Kapelle von Ágios Konstantínos und Eléni.

Dort setzen wir unsere Wanderung an der Telefonzelle und dem riesigen Schild »Ag. Konstantínos« fort (um das Schild zu sehen, muss man allerdings zurückblicken. Wenn Sie die Asphaltstraße erreichen, müssen Sie ein kleines Stück zurückgehen). Wir folgen den neuen roten Rauten und den alten blauen Punkten auf der Betonstraße in wenigen Minuten bis zum Ortsrand. Nachdem wir den kleinen Friedhof passiert haben, nehmen wir einen Feldweg mit Überresten der alten Pflasterung. Durch eine von Olivenbäumen, Kiefern und Zypressen geprägte Landschaft wandern wir immer den Markierungen nach den Berg hinab. Ca. 10 Minuten nach Verlassen des Dorfes halten wir in einer scharfen Rechtskurve Ausschau nach der Fortsetzung des Kaldérimis. Bei einem Holzschild biegen wir links ab und treffen nach knapp 5 Minuten wieder auf die Schotterstraße. Dort wenden wir uns nach links, zweigen aber nach wenigen Minuten wieder rechts auf den Pfad ab, der später erneut in einen Feldweg mündet. Wir folgen diesem Weg ca. 30 m aufwärts, dann geht es rechts hinunter auf dem hier erfreulicherweise erneuerten Pfad. Noch einmal folgen wir der kleinen Fahrstraße einige Meter, bevor wir die letzte Strecke über den Kaldérimi nach **Áno Ágios Konstantínos**, 40 m, wandern. Wir passieren die Platía und halten uns dort links. Mit Blick auf die schöne spätbyzantinische Kirche von Ágios Konstantínos und Eléni führt uns eine Betonstraße zu einem rechts abzweigenden, breiten Kaldérimi, auf dem wir in ca. 10 Minuten **Ágios Konstantínos** erreichen.

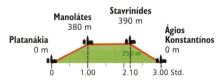

18 Von Platanákia über Vourliótes nach Avlákia

2.00 Std.

Über die schöne Pnaká-Quelle zum »Graben« von Samos

Durch ein idyllisches Bachtal führt uns der Weg hinauf zu einem traditionellen Bergdorf und von dort über die malerische Quelle von Pnaká wieder hinunter ans Meer mit seinen Badebuchten.

Ausgangspunkt: Platanákia, an der Abzweigung in Richtung Manolátes. Busverbindungen von Samos-Stadt und Karlóvasi.
Endpunkt: Avlákia, an der Hauptstraße oberhalb des Ortes; Bushaltestelle Tsámbou-Beach liegt etwas westlich davon. Busse nach Samos-Stadt und Karlóvasi.
Höhenunterschied: 350 m.
Anforderungen: Einfache Wanderung ohne Orientierungsprobleme, da sie gut markiert ist mit Steinmännchen und Farben; genügend Schatten.
Einkehr: In allen Ortschaften.
Variante: Weg über das Gehöft »Niagou«: Nach ca. 10 Min. ab der Platía von Vourliótes steigt man links die betonierte Böschung hinauf und folgt dem rot markierten Pfad. Man passiert ein neues Haus und gelangt nach ca. 10 Min. bei einigen Bauernschuppen und einer Quelle zum schönen Kirchlein des heiligen Pandeléïmon und den heiligen Anárgiren. Diese Kapelle ist den Ärzten Kosmás und Damianós geweiht, von denen gesagt wird, dass sie niemals Geld für ihre Behandlung genommen hätten. Von hier aus folgt man der Betonstraße hinab und hält sich gleich bei der nächsten Gabelung rechts. Nach knapp 10 Min. (ab Kapelle) gelangt man bei einer Brücke über den Bach wieder auf den Hauptbetonweg. Direkt davor biegen wir links auf einen Pfad ab, der uns nach Pnaká bringt.

Für den ersten Teil der Strecke von **Platanákia** nach **Vourliótes** verwenden wir bis zur **Gabelung nach Manolátes** die Wegbeschreibung der Tour 16. Hier folgen wir der rot-blauen Markierung geradeaus (rechts geht es nach Manolátes) und erreichen in ca. 20 Minuten über den Kalderími, einen Feldweg und eine Betonstraße den Friedhof von **Vourliótes**. Von dort gelangen

Idyllisches Landleben bei Vourliótes.

wir an der Grundschule und zwei Kirchen vorbei in wenigen Minuten hinauf zur Platía mit den zahlreichen Tavernen.

Vom Dorfplatz steigen wir die Treppenstufen bei der Taverne Baso (Haus-Nr. 1065) hinab und passieren die Kirche, die Schule und das letzte Haus des Ortes. Nach gut 30 m biegen wir auf einen rot-blau markierten Kalderími hinunter ab. Dabei überqueren wir einige Male die Betonstraße, der wir ab und zu ein kurzes Stück folgen müssen. Durch die reichlichen rot-blauen Markierungen können wir aber den richtigen Abstieg nicht verfehlen und erreichen bald den idyllischen Flecken **Pnaká** mit seinen drei sprudelnden Quellen. Im Schatten der Platanen können wir in einer Taverne (nur im Sommer geöffnet) eine Rast einlegen.

Von Pnaká folgen wir dem Kalderími weiter bergab, halten uns aber schon nach knapp 5 Minuten bei einem roten Punkt an der zweiten Gabelung rechts, überqueren sogleich eine Betonwasserrinne und folgen dem Pfad bis zu einem Haus bei einer Gabelung mit Markierungen »Avlákia und Vourliótes«. Dort biegen wir rechts ab und gelangen nach ca. 10 Minuten zwischen einigen Häusern hindurch beim Schild »Sotiria 1 und Paleochori 2 km« auf die Asphaltstraße nach Vourliótes. Hier halten wir uns kurz links, zweigen aber sofort bei blauen Markierungen und roten Punkten rechts ab. Bald führt uns ein schöner breiter Kalderími durch den Wald hinunter zur Hauptstraße oberhalb von **Avlákia**, nicht weit von der links gelegenen Bushaltestelle Tsámbou-Beach entfernt. Wer mag, kann von hier noch zum Strand hintersteigen und ein erfrischendes Bad nehmen.

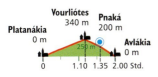

19 Auf den Lázaros

6.15 Std.

Steiler Anstieg zum dritthöchsten Gipfel der Insel

Für diese landschaftlich eindrucksvolle, aber ausgedehnte und anstrengende Wanderung empfiehlt sich ein früher Aufbruch bei Tagesbeginn und eine gute körperliche Fitness. Der Aufstieg zum Lázaros stellt eine große Verlockung dar, denn das prächtige Panorama in schwindelnder Höhe auf dem steil abfallenden Gipfelfelsen lohnt die Mühe.

Ausgangspunkt: Platanákia, an der Abzweigung nach Manolátes. Busverbindungen von Samos-Stadt und Karlóvasi.
Höhenunterschied: 1025 m.
Anforderungen: Anstrengende Wanderung, bedingt durch die Länge und die steilen Anstiege; die Tour verläuft zu weiten Teilen im Schatten.
Einkehr: Kafenía und Tavernen in Platanákia, Manolátes und Vourliótes.
Hinweis: Ab Manolátes sollte man reichlich Wasser mitnehmen!

Auf der ersten Etappe von **Platanákia** nach **Manolátes** orientieren wir uns an Tour 18. (Wer das Dorf nicht besuchen möchte, biegt kurz vorher rechts Richtung Stavrinídes ab.)
Vom alten Dorfbrunnen in **Manolátes** beim Kafenio Jorjídes steigen wir die Treppenstufen rechts hinauf und biegen bei dem Laternenpfahl, markiert mit einer roten Raute, rechts auf einen deutlichen Pfad ab. Die wenigen Pfadabzweige ignorierend, stoßen wir nach 15 Minuten bei einem Bachbett auf eine Schotterstraße (Einmündung der Variante). Hier wenden wir uns nach links und folgen der Straße aufwärts. Nach gut 20 Minuten Gehzeit ab Manolátes erreichen wir eine kleine **Profítis-Ilías-Kapelle** mit schönem Blick zurück auf den Ort.
Weiter auf der Straße halten wir uns hinter einer Gabelung mit dem alten Schild »Stavrinídes« erneut links. Wir setzen unseren Weg mit wunderschönen Ausblicken bergauf fort und lassen dabei einige kleinere Abzweige außer Acht. Auch nach ca. 30 Minuten (ab Schild »Stavrinídes«) gehen wir an einer etwas größeren Gabelung geradeaus weiter (nicht rechts bergauf). Wenige Minuten später nehmen wir bei der nächsten Gabelung weiterhin

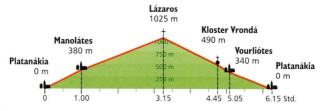

den Weg bergauf und gleich darauf kommt ein in Weingärten gelegenes Haus in Sicht. Dort halten wir uns an der Gabelung rechts stets bergauf und passieren ca. 20 Minuten später ein Haus mit einem riesigen alten Kirschbaum. Nach weiteren 5 Minuten ignorieren wir an einer Gabelung mit dem Schild »Panaítsa« den linken Abzweig zu einer Kapelle und wandern geradeaus an dem großen Holzunterstand (für Kirchweihfeste) mit der Wasserstelle vorbei. An der nächsten Gabelung halten wir uns links und treffen bald dar-

Die Bergketten des Ámbelos-Massivs mit Manolátes im Hintergrund.

auf beim Schild »Manolátes 5 km, Xepagiasméno« auf die ca. 900 m hoch gelegene Hauptschotterstraße, die am Nordhang des Ámbelosgebirges entlangführt. Hier wenden wir uns nach links, lassen den ersten Abzweig mit dem altem Schild »Ámbelos/Manolátes« und auch den zweiten mit dem Schild »Ag. Triáda« außer Acht und erreichen in ca. 20 Minuten die **große Gabelung mit den fünf Schildern**. Dort wandern wir geradeaus in Richtung Lázaros, Vourliótes und Kokkári weiter (rechts geht es in Richtung Profítis Ilías, siehe Tour 20).

Ungefähr auf gleicher Höhe bleibend, setzen wir unseren Weg nun erst einmal ein bisschen gemütlicher fort. Leider hat die einstmals wunderschöne Landschaft hier durch den Waldbrand sehr gelitten, allerdings blieben die Weinberge und Platanen vom Feuer verschont. Alle Abzweigungen ignorierend und dem Hauptweg folgend, erblicken wir langsam den Lázaros. Nach ca. 45 Minuten (ab der großen Gabelung) erreichen wir eine Wegscheide mit einer Betonstützmauer und den drei Schildern »Vourliótes 2 km«, »Pándroso/Pírgos«, »Kioulafídes«, an denen wir rechts hinauf Richtung »Pándroso« abzweigen. Schon ca. 10 Minuten später biegen wir in einer scharfen Rechtskurve direkt unterhalb der Felswand bei mehreren Steinmännchen nach links auf einen deutlichen Pfad zum **Lázaros**, 1025 m, hinauf ab. Wir gehen zunächst auf den Felsen zu und steigen über ein mit Steinmännchen gut markiertes Geröllfeld steil hinauf zum Gipfel. Oben auf dem schroffen Gipfelfelsen liegt uns Samos zu Füßen. Wer Lust verspürt, auf dem Felsplateau ein wenig herumzustöbern, wird auf die Reste eines frühbyzantinischen Kástro aus dem 7. Jahrhundert stoßen, das den Menschen damals als Fluchtburg diente.

Wieder unten auf der Straße, gehen wir zurück zur Verzweigung mit den drei Schildern und biegen rechts Richtung Vourliótes ab. (Alternativ dazu kann man auf einem kleinen, nicht mehr deutlich erkennbaren Pfad ein wenig abkürzen, wenn man gleich in einer Linkskurve bei einem Steinmännchen nach rechts abbiegt. Über Geröllfelder gelangt man so ebenfalls hinunter auf den Schotterweg nach Vourliótes.)

Der Weg windet sich nun in nicht enden wollenden Serpentinen den Nordhang der Ámbelos-Berge hinab. Der frühere, wesentlich kürzere Pfad ist nicht mehr zu erkennen bzw. unpassierbar. Im weiteren Verlauf scheint der Weg direkt auf Samos-Stadt zuzulaufen. Vielleicht kommen uns Zweifel, ob wir noch auf dem richtigen Weg sind, aber dann macht die Straße endlich die lang erwartete Wende um 180°. Die Abzweigung rechts nach Mytilinií außer Acht lassend, treffen wir kurz darauf beim Schild »Lázaros – Karvoúni« auf die Asphaltstraße, auf der wir links bald zum **Kloster Moní Vrondá**, 490 m, gelangen.

Beim Rückweg von **Moní Vrondá** über **Vourliótes** nach **Platanákia** orientieren wir uns an Tour 10. Wer von **Vourliótes** nach **Kokkári** absteigen will, folgt Tour 11.

Der Lázaros streckt seine Felsnase in den Himmel.

20 Von Platanákia zum Profítis Ilías

6.15 Std.

Zum höchsten Gipfel des Ámbelos-Massivs

Obwohl die Landschaft um den höchsten Gipfel des Ámbelos-Massivs von den schrecklichen Waldbränden stark in Mitleidenschaft gezogen wurde, sollten wir diese Wanderung nicht auslassen. Die Aussicht von der Gipfelkapelle des Profítis Ilías ist weiterhin spektakulär und entschädigt uns für den langen, oft mühsamen Anstieg.

Blick auf Manolátes.

Ausgangspunkt: Platanákia, an der Abzweigung nach Manolátes. Busverbindungen von Samos-Stadt und Karlóvasi.
Höhenunterschied: 1153 m.
Anforderungen: Anstrengende Tour aufgrund des großen Höhenunterschieds und der Länge der Wanderung; viel Schatten.
Einkehr: Kafenía und Tavernen in Platanákia und Manolátes.
Hinweis: Warme Kleidung einpacken, denn oben weht oft ein kalter Wind. Reichlich Wasser mitnehmen!
Variante: Abkürzung für Rückweg: Nach dem Abstieg vom Profítis Ilías zurück auf der Schotterstraße kann man einen Abkürzungspfad zwischen dem oberen und unteren Kammweg nehmen. Man wandert zunächst knapp 10 Min. in Richtung der großen Gabelung mit den fünf Schildern. Bei zwei gelben, verrosteten Jagdverbotsschildern, einer Zwillingskiefer und einem roten Punkt biegt man rechts auf einen zunächst deutlichen Pfad hinunter ab. Dabei passiert man einen Weinberg und erreicht kurz darauf eine Wiese in einem Geröllkessel. Dort folgt man den Pfadspuren nach links und lässt die Wiese rechter Hand. Gleich darauf geht es auf einer weiteren Lichtung rechts hinunter, bis man in gut 5 Min. auf eine Schotterstraße trifft. Wenige Minuten später wendet man sich bei einer kleinen Gabelung nach links und kommt sogleich über einen Pfad zu einem Hirtenstall, einem Apfelgarten und zur Siedlung Kioulafídes. Von dort geht es in westlicher Richtung auf der Hauptschotterstraße zu der Gabelung mit den fünf Schildern und auf derselben Route zurück nach Platanákia.

Da der ursprüngliche Aufstieg über den Monopáti zwischen Manolátes und Ýpsoma Diamandoúli durch die Waldbrände und die darauf folgende Bodenerosion nicht mehr möglich ist, nehmen wir den gemütlichen Aufstieg über einen schönen Waldweg. Auf der Etappe von **Platanákia** nach **Manolátes** und weiter bis zur **großen Gabelung mit den fünf Schildern** orientieren wir uns an den Touren 18 und 19.

An der Gabelung biegen wir rechts in Richtung Profítis Ilías ab (geradeaus führt der Weg in Richtung Lázaros, Vourliótes und Kokkári, siehe Tour 19). Nach gut 15 Minuten halten wir uns an der Gabelung mit den gelben Schildern »Pírgos«, »Vourliótes« und dem Holzschild »Prof. Ilías« links und passieren nach weiteren gut 10 Minuten einen Weingarten. Ca. 15 Minuten später treffen wir in einer scharfen Rechtskurve auf einen Teil des alten Pfades zum Profítis Ilías. Durch die vielen verbrannten und umgestürzten dicken Kiefern ist der Pfad kaum oder gar nicht mehr sichtbar. Wir steigen bei einigen Steinmännchen ein kurzes Stück hinauf zu einem kleinen Sattel. Dort führen uns rote Markierungen zunächst etwas nach links über ein felsiges Plateau zu einem ehemals leicht bewaldeten, jetzt aber verbrannten höheren Sattel. Nachdem wir geradeaus an einigen dicken umgestürzten Kiefern vorbei auf einen Geröllhang gestoßen sind, halten wir weiter Ausschau nach roten Markierungen und Steinmännchen. Im Zickzack bergauf erreichen wir in ca. 20 Minuten die Gipfelkapelle des **Profítis Ilías**, 1153 m. In windiger Höhe haben wir einen fantastischen Panoramablick auf den Kérkis, Mykale in der Türkei, die Nordküste mit dem Lázaros, die Bucht von Samos sowie bei klarer

Mit Blick auf den Lázaros geht es durch Weinberge hinauf zum Profítis Ilías.

Sicht auf die umliegende Inselwelt. Weniger erfreulich sind die von hier aus besonders gut sichtbaren Waldbrandschäden.

Für den gleichen Rückweg, der die Landschaft wiederum ganz neu erscheinen lässt, benötigen wir bis **Manolátes** gut 2 Stunden, für die Variante etwas weniger. Kurz vor Manolátes können wir uns wieder zwischen der Variante und der Hauptroute entscheiden: Am Schild »Tsoúka« geht es rechts auf dem Pfad weiter; etwas später am Schild »Manolátes« folgt die Variante der Schotterstraße nach rechts.

2.00 Std. Von Ágios Konstantínos nach Ámbelos und Stavrinídes — 21

Zum »Balkon von Samos«

Sicher steht Ámbelos von seiner schönen Lage her einigen wesentlich bekannteren Bergdörfern in nichts nach. Um dies zu unterstreichen, nennt es sich »Balkon von Samos«.

Ausgangspunkt: Ágios Konstantínos, an der Hauptstraße am westlichen Ortsende beim Schild »Stavrinídes«, einer Wasserstelle und einem doppelten Telegrafenmasten. Busverbindungen von Samos-Stadt oder Karlóvasi.
Höhenunterschied: 400 m.
Anforderungen: Leicht, da kaum steile Anstiege; etwas Schatten.
Einkehr: Kafenía und Tavernen in allen Orten.

Bei der Abzweigung in Ágios Konstantínos folgen wir der in einen Kalderími übergehenden Betonstraße durch ein Platanen- und Kiefernwäldchen bis zum Ende des Pfades. Wir halten uns links und sehen kurz darauf links am Weg die spätbyzantinische Kapelle von Konstantínos und Eléni, zu der ein kurzer Abstecher lohnt. Wenig später erreichen wir den Dorfplatz mit Brunnen und Platane in **Áno Ágios Konstantínos**. An der Platía halten wir uns rechts, biegen am Ende der Gasse links auf den bergaufführenden Kalderími ab, passieren dabei eine weitere Kirche und ignorieren die mit roter Raute und Schildern markierte Abzweigung nach Stavrinídes. Nachdem wir ein Bachbett überquert haben, folgen wir der Betonstraße links hinauf. Nach ca. 40 m zweigen wir jedoch bei einer Terrassenmauer und einem Steinmännchen rechts auf einen zunächst etwas schlecht sichtbaren, bald aber rot und blau markierten Kalderími in den Wald hinauf ab.

Nachdem wir die etwas versteckte, oberhalb des Pfades gelegene Kapelle Ágios Dimítrios aus dem Jahre 1803 passiert haben, folgen wir sofort an der nächsten Gabelung den blauen Markierungen links steil bergauf. Nach wenigen Minuten erreichen wir die Asphaltstraße und wenden uns dort nach links.

Bezaubernde Farbpalette zwischen Ámbelos und Stavrinídes.

Zum Zeitpunkt der letzten Recherche war es nun nötig, für die folgenden 15 Minuten bis nach Ámbelos die Straße zu benutzen, da früher vorhandene Pfade zerstört oder zugewachsen waren. Immerhin wird in Àmbelos darüber diskutiert, einen alten Kalderími für Wanderer wieder instand zu setzen. Für den Weg auf der Fahrstraße zum Ort entschädigt uns der schöne Blick auf Áno Ágios Konstantínos, den Hafen von Ágios Konstantínos und die umliegenden Weinberge.

Nachdem wir am Karagátsa-Brunnenhaus vorbeigekommen sind, erreichen wir bei einer großen Betonwand mit Willkommensgrüßen den Ortseingang von **Ámbelos**. Dort halten wir uns rechts, steigen noch vor dem Schild »to center of village« links die Treppenstufen hinauf und gelangen kurz darauf auf den Dorfplatz mit der Kirche, 290 m über dem Meer gelegen. Eine Rast im Kafenío mit Blick auf das Meer und ein Rundgang in dem hübschen Bergdorf lohnen unbedingt.

Wir setzen unseren Weg von der Rückseite der Hauptkirche fort. Es geht zunächst zum oberhalb gelegenen kleineren Platz mit einer neuen Quelle und von dort weiter über die Treppenstufen der »Odós Karvoúni« bergauf. Oben folgen wir dem Weg rechts kurz an einer Steinmauer entlang und biegen am Ortsende vor dem letzten Haus bei zwei blauen Wasserdeckeln

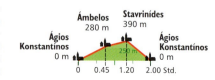

am Boden links auf einen Kalderími hinauf ab. Schon wenige Minuten darauf treffen wir auf einen Feldweg, in den wir links einbiegen. Nach ca. 100 m stoßen wir auf einen quer verlaufenden Schotterweg. Wir folgen ihm nach links abwärts, bis er in die Straße von Ámbelos nach Stavrinídes mündet; dort gehen wir geradeaus weiter.

Durch den herrlichen Ausblick wird uns der Weg über die Asphaltstraße nicht lang. Wir passieren eine kühle Quelle und erreichen nach schon 20 Minuten (ab Àmbelos) die Kirche sowie die Platía des kleinen Bergdorfes **Stavrinídes**, 390 m. Beim Abstieg von **Stavrinídes** nach **Ágios Konstantínos** orientieren wir uns an der Beschreibung von Tour 18.

Kirche am Wegesrand.

22 Von Ágios Konstantínos nach Platanákia

7.15 Std.

Lange Panoramawanderung durch das Ámbelos-Massiv

Diese lange und sehr anstrengende, von ihrem Schwierigkeitsgrad her aber eher leichte Wanderung trägt ihren Namen zu Recht. Wir wandern überwiegend langsam bergauf, so dass wir unseren Blick schön in die Ferne schweifen lassen können. Während wir lange auf einer Höhe von ca. 900 m bleiben, breitet sich unter uns ein malerisches Panorama aus. Die Krönung der Tour ist aber eindeutig der Aufstieg zum Lázaros.

Ausgangspunkt: Ágios Konstantínos, an der Hauptstraße am westlichen Ortsende beim Schild »Stavrinídes«, einer Wasserstelle und einem doppelten Telegrafenmasten. Busverbindungen von Samos-Stadt oder Karlóvasi.
Endpunkt: Platanákia. Busse in Richtung Samos-Stadt und Karlóvasi.
Höhenunterschied: 1025 m.
Anforderungen: Sehr anstrengende Tour aufgrund der langen Dauer und des steilen Anstiegs zum Lázaros. Ansonsten meist langsam ansteigende Abschnitte über Schotterstraßen; Abstieg ab Vourliótes auf einem Pfad.
Einkehr: Kafenía und Tavernen in Ágios Konstantínos, Ámbelos, Vourliótes und Platanákia.
Hinweis: Reichlich Wasser mitnehmen!
Variante: Abkürzung über Manolátes: Von der Gabelung mit dem blauen Schild »Manolátes 5 km/Xepagiasméno« nehmen wir den sehr schönen Abstieg auf der Schotterstraße nach Manolátes und von dort weiter bis Platanákia; Dauer 1 Std. 10 Min.

Im ersten Abschnitt von **Ágios Konstantínos** nach **Ámbelos** orientieren wir uns an der Wegbeschreibung der Tour 21.
In **Ámbelos** folgen wir weiter der beschriebenen Route aus dem Dorf hinaus, halten uns aber beim Erreichen der breiten Schotterstraße rechts. Nun geht es auf der Schotterstraße durch eine wunderschöne grüne Landschaft gemütlich bergauf. Dabei ignorieren wir alle kleineren Abzweige und erreichen ca. 30 Minuten später das Schild »Ágios Pandeléïmon/Karvoúni«, wandern aber rechts hinauf weiter. Wir halten uns an der nächsten Gabelung mit dem Schild »Agrarian Way Polykarpos« links und gelangen bald zu der kleinen Kirche von **Ágios Pandeléïmon**, die ihr Heiligenfest am 27. Juli feiert.

Durch eine herrliche Landschaft, deren Bild von Ginster, Farnen, Maronen und Platanen geprägt ist, folgen wir dem Hauptweg durch Weinberge stetig hinauf. Je höher wir steigen, desto prächtiger werden die Ausblicke auf die Bucht von Vathý und die Türkei. Immer auf der oberen Hauptschotterstraße bleibend, biegen wir geraume Zeit später an einer Gabelung mit drei Schil-

In weiter Ferne erhebt sich der Gipfel des Profítis Ilías.

dern nach links Richtung Pírgos und Sofoulídes ab und gelangen in einen frischen Kiefernwald. Wir ignorieren das Schild »Azaret Aloni« und kommen ca. 30 Minuten danach zu einer Gabelung mit dem blauen Schild »Manolátes 5 km/Xepagiasméno« (Abzweigung der Variante über Manolátes).

Wer sich noch einige Stunden Fußmarsch und den Aufstieg zum Lázaros, 1025 m, zutraut, wandert weiter geradeaus. Hierbei lassen wir nach knapp 10 Minuten die Gabelung mit blauem Schild »Ámbelos/Manolátes« außer Acht, bevor wir einen kleinen Abstecher auf den neben uns liegenden Bergrücken in die jüngere Vergangenheit machen können. Außer dem schönen Ausblick auf das Kérkis-Massiv finden wir dort Überreste der Geschützstände und Verteidigungswälle der Partisanen, die im Zweiten Weltkrieg von hier oben erbitterten Widerstand gegen Italiener und Deutsche leisteten.

Zurück auf der Schotterstraße passieren wir bald eine Gabelung mit dem Schild »Agia Triáda« und treffen kurz darauf auf die **große Gabelung mit den fünf Schildern**, wo es rechts zum Profítis Ilías abgeht. Wir wandern geradeaus in Richtung Vourliótes weiter und verwenden bei der Route über den **Lázaros** zum **Kloster Moní Vrondá** die Wegbeschreibung der Tour 19. Für den Weiterweg von **Moní Vrondá** über **Vourliótes** nach **Platanákia** orientieren wir uns an Tour 10.

4.00 Std. Von Koumaradéï ins Ímvrassos-Tal 23

Vom Töpterdorf und einem Kloster in ein einsames Flusstal

In Koumaradéï, einem traditionellen Töpferdorf, haben wir Gelegenheit, den Kunsthandwerkern bei ihrer Arbeit zuzuschauen. Besonders interessant ist der »gerechte Becher des Pythagoras«: Wer sich zuviel nimmt, hat am Ende nichts mehr. Ein schönes Kleinod am Wegesrand ist das Kloster Megáli Panagía. Die von Mönchen bewohnte Anlage wurde kürzlich vorbildlich renoviert und beherbergt einige sehenswerte Ikonen und Fresken in der Klosterkirche.

Ausgangspunkt: Koumaradéï, an der Hauptstraße bei der Abzweigung in Richtung Pírgos. Autofahrer können das zuerst beschriebene Wegstück bis zum Kloster befahren und dort parken.
Höhenunterschied: 400 m.
Anforderungen: Bequeme Wanderung auf Feldwegen und wenig befahrenen Straßen. Querung der Ímvrassos-Furt (im Frühjahr nicht immer trockenen Fußes).
Einkehr: Tavernen und Kafenía in Koumaradéï, Pagóndas (nur im Sommer) und Míli.
Hinweis: Öffnungszeiten des Klosters Megáli Panagía: 8.30–13 Uhr, 17.30–20 Uhr, dienstags geschlossen.

Wir nähern uns Pagóndas.

Von der Abzweigung an der Hauptstraße am oberen Ortsende von **Koumaradéï** nehmen wir die Straße Richtung Pírgos und erreichen in ca. 20 Minuten das **Kloster Megáli Panagía**.
Nach der Besichtigung gehen wir ca. 10 Minuten Richtung Koumaradéï zurück, biegen bei der ersten Gelegenheit auf einen Feldweg ab und wenden uns sogleich an der nächsten Gabelung nach rechts. Der Weg führt ein Stück hinauf auf einen Sattel, wo wir uns links halten und in Kehren in das vor uns liegende Tal des **Ímvrassos** hinabsteigen. Unten zweigen wir links

auf einen schmaleren Feldweg ab. Vorbei an einer Kapelle erreichen wir gleich den von Platanen gesäumten Bach. Der griechischen Sage nach ist die Göttin Hera, Gemahlin des Zeus, am Ufer des Ímvrassos geboren.
Wir überqueren diesen an einer Furt, was vor allem im Frühjahr trockenen Fußes nicht immer möglich ist. Jenseits wenden wir uns nach links und gehen einige Meter zwischen einer Felsformation und dem Wasserlauf entlang. Bei brachliegenden, terrassierten Feldern steigen wir am Ende der Felsen einen nicht mehr klar zu erkennenden Pfad rechts aufwärts. Oben angekommen, halten wir uns rechts und gehen durch einen Olivenhain auf einem Trampelpfad, der sich bald zu einem Feldweg verbreitert. Nach wenigen Minuten treffen wir auf einen breiteren Weg, auf dem wir links einbiegen. Unsere Tour verläuft nun ca. eine Stunde sanft aufwärts, wobei wir kleinere Abzweige und abwärtsführende Wege unbeachtet lassen. Der Ort **Pagóndas** kommt bald in Sicht. Wir erreichen eine Gabelung an einem kleinen Bachlauf mit Betonbrücke. Von hier setzen wir später unseren Weg links nach Míli fort, können aber vorher noch in 10 Minuten zum Dorf hochgehen. Etwas oberhalb der Kirche liegt ein kleiner Platz mit zwei Kafenía und einer Taverne, die aber nur im Sommer Speisen anbietet.

Zurück an der Brücke setzen wir unseren ausgeschilderten Weg nach Míli fort. Die Felder der Bauern von Pagóndas gehen hier harmonisch in eine wilde Naturlandschaft über. Nach 40 Minuten ab der Brücke überqueren wir erneut den Ímvrassos an einer Furt. Jenseits verläuft der Weg vorbei an einem Wildschweingehege und Orangenplantagen. Bitte lassen Sie die Früchte hängen, die Bauern leben davon. Ca. 20 Minuten später erreichen wir den hübschen Ort **Míli**. Der Dorfplatz gilt als einer der schönsten der Insel. Sehenswert ist die Hauptkirche Zoodóchos Pigí. Der Dorfbrunnen erfrischt uns mit herrlichem Quellwasser.

Der Besuch des Klosters Megáli Panagía lohnt sich.

Am oberen Ortsende windet sich die Fahrstraße zum Kloster Megáli Panagía und nach Koumaradéï hinauf. Die schönen Fernblicke unterwegs belohnen uns für den mühsamen Anstieg. Nach einer Stunde erreichen wir unseren Ausgangspunkt in **Koumaradéï**.

West-Samos

Schon von Weitem erkennt man die Konturen des Kérkis-Massivs, dessen mächtige Felswände besonders an der Südseite steil emporragen. So prägt dieses Massiv mit seiner 1443 m hohen Vígla den gesamten westlichen Teil der Insel. Der Aufstieg zum Gipfel stellt für jeden Wanderer eine ganz besondere Herausforderung dar. Abgesehen von dem Feriengebiet um Kámbos-Votsalákia ist der westliche Teil der Insel noch immer am wenigsten touristisch erschlossen.

Karlóvasi, die zweitgrößte Hafenstadt der Insel, bildet mit seinen verstreuten Ortsteilen das wirtschaftliche Zentrum dieser Region und ist als wichtigster Verkehrsknotenpunkt die beste Basis, um das Gebiet kennenzulernen. Das Kástro und die Metamórphosis-Kirche in der Schlucht von Potámi bildeten in der byzantinischen Epoche das Machtzentrum der Insel. Zum Glück wurde die Umgebung von den Waldbränden nur gering in Mitleidenschaft gezogen, so dass es sich in dieser der Toskana ähnlichen Hügellandschaft zwischen Kérkis- und Ámbelos-Massiv noch immer sehr gut wandern lässt. In

Limáni Karlovasíou: der geeignete Ausgangspunkt für Wanderungen im »wilden« Westen von Samos.

der Landschaft verstreut warten die hübschen Bergdörfer Plátanos, Kondéïka, Ydroússa und Kondakéïka auf einen Besuch. Auch in Léka, Kastaniá, Tsourléï, dem kleinen Nikoloúdes, dessen riesige Platane die größte der Insel sein soll, und Kosmadéï am Osthang des Melegáki-Massivs scheint die Zeit stehen geblieben zu sein.

Die besten Ausgangspunkte für die meist ausgedehnten Wanderungen am Nordhang des Kérkis-Massivs sind die Orte Drakéï und Kallithéa, die sich durch ihre relativ isolierte Lage ihre Ursprünglichkeit bis heute bewahren konnten. Von hier oben, mit Blick auf das weite Meer und die Nachbarinseln Foúrni und Ikaría, wird der Sonnenuntergang zu einem grandiosen Erlebnis. Am Südhang des Melegáki-Bergkammes liegt Marathókambos. Dieser etwas größere Ort ist noch weitgehend vom traditionellen Leben bestimmt. Dagegen geht es in den unterhalb gelegenen Badeorten Órmos (Marathokámbou), Kámbos und Votsalákia zumindest in den Sommermonaten recht betriebsam zu. Letztgenannter Badeort bildet den Ausgangspunkt für den populärsten Anstieg zur Vígla, dem höchsten Gipfel des Kérkis-Massivs. Bei seiner Besteigung kommt man an den auf einsamen Höhen und versteckt im Wald gelegenen Klöstern Evangelístria und Kímissis tis Theotókou vorbei. Neben diesen spektakulären Wandermöglichkeiten findet man sowohl an der Nord- als auch an der Südküste des Westteils der Insel schöne Bademöglichkeiten vor.

24 Von Karlóvasi nach Potámi

Drei Kirchen, ein Kastro und kleine Wasserfälle warten auf unseren Besuch

Die erste Etappe dieser gemütlichen Runde durch eine herrliche Landschaft verbinden wir mit einem kleinen Abstecher zum Aussichtshügel von Agía Triáda und der Höhlenkirche von Ágios Antónios. Die zweite Etappe führt uns zur Panagía tou Potamioú, der ältesten Kirche der Insel. Die kreuzförmige Kuppelkirche aus dem 12. Jahrhundert zählt zu den interessantesten mittelalterlichen Bauwerken der Insel. Von dort geht es hinauf zum byzantinischen Kástro, das als mittelalterliches Machtzentrum eine große Bedeutung für den westlichen Teil der Insel besaß. An diesem romantischen, von Blumen übersäten Plätzchen kann man sehr gut einen Moment verweilen, um die Aussicht auf die Bucht und die Schlucht des unter uns liegenden Bachbettes zu genießen. In der idyllischen Potámi-Schlucht kommen wir an mehreren kleinen Wasserfällen vorbei.

Ausgangspunkt: Limáni Karlovasíou, in der Nähe des Hafens in der Odós Kanári beim Schild »Paleo« in die Odós Ag. Ioánni Prodrómou abbiegen. Mit dem Bus oder Taxi von Karlóvasi nach Limáni Karlovasíou.
Höhenunterschied: 140 m.
Anforderungen: Leichte Tour, aber ein Teilstück und der Weg durch die Potámi-Schlucht sind etwas unwegsam. Asphaltstraße von Potámi nach Limáni.
Einkehr: Kafenía und Tavernen in Limáni Karlovasíou und Potámi.
Hinweis: Taschenlampe für die Höhle mitnehmen!

Bei der Abzweigung in **Limáni Karlovasíou** nach Paleó Karlóvasi beim Schild »Paleo« folgen wir der Asphaltstraße an der blauen Kirche vorbei und biegen kurz darauf links auf den Kalderími ab, der uns am Bachbett entlang in wenigen Minuten hinauf nach **Paleó Karlóvasi** führt. Schon an der ersten Platía zweigen wir links hinauf ab, passieren dabei ein nettes Kiesmosaik und erreichen in wenigen Minuten die bunte **Agía-Triáda-Kirche**, von deren Hügel uns ein weites Panorama erwartet.

Zurück an der ersten Platía gehen wir die Odós Agías Triádos geradeaus. An der zweiten Platía mit einer Taverne, Kartentelefon und großem Schild »St. Antony's Cave« wandern wir über die Odós Galatá weiter bergauf. Nachdem

Das byzantinische Kastro unter den »Weißen Klippen«.

wir uns an der Isídoros-Kirche rechts gehalten haben, erreichen wir nach ca. 200 m eine Kapelle mit einem Spielplatz, von dem wir eine schöne Aussicht auf Agía Triáda und Paleó Karlóvasi haben. Hier geht der Betonweg in einen Kalderími mit blau-roten Markierungen über. Leider wird bald unterhalb der sehenswerten Felsenkapelle Ágii Anárgiri ein neuer Fahrweg daraus, der durch Olivenhaine und Macchia bis zu einem Heiligenschrein hinaufführt. Diesen höchsten Punkt der Wanderung erreichen wir in ca. 20 Minuten von der zweiten Platía aus. Nun führt uns ein markierter Pfad in 2 Minuten hinunter zur **Grotte des heiligen Antonius** (Ágios Antónios). Beim Besuch dieses orthodoxen Heiligtums empfiehlt sich eine Taschenlampe.

Wir kehren zur Abzweigung mit dem Ikónisma zurück und setzen die Wanderung nach rechts auf unserem Weg fort. Nach ca. 50 m folgt ein weiterer kurzer Abstecher zur unterhalb liegenden **Agía-Paraskeví-Kapelle** mit einer Quelle, wo wir im Schatten der großen Platane eine Rast einlegen können.

Auf den Steig zurückgekehrt, bleiben wir ca. 10 Minuten auf gleicher Höhe, bis es bergab geht und der zum Kalderími

gewordene Pfad in einen breiten Weg mündet. Diesem folgen wir nach links und biegen nach ca. 200 m rechts auf eine Betonstraße hinunter ab. In der dritten Kurve zweigen wir bei einem blauen und roten Punkt links ab und suchen den Kalderími, der vor einem Feld rechts abbiegt. Wir erreichen in wenigen Minuten die Asphaltstraße in der **Potámi-Bucht**.
In die schattenreiche Potámi-Schlucht gelangen wir am gleichnamigen Strand bei dem Schild vor der Brücke links. Ein Betonweg führt in wenigen Minuten bis zur byzantinischen Kirche der **Panagía tou Potamioú** unterhalb einer Felswand. Hier weist uns das Schild »Kastro« auf den hinter der Apsis der Kirche beginnenden Pfad, der uns steil zum **Kástro** hinaufleitet. Schon

Blick auf den Hafen von Karlóvasi.

Vor dem tiefblauen Himmel besticht die Agía-Triáda-Kirche durch ihre Farbenpracht.

wenige Minuten später gelangen wir durch ein Tor in das Innere der byzantinischen Ruine.

Von hier aus steigen wir zur Kirche hinab und folgen unten dem Pfad durch den herrlichen Wald, mal am linken, mal am rechten Bachufer entlang. Nach ca. 20 Minuten verengt sich die Schlucht beim Schild »Wasserfall« so stark, dass ein Weiterkommen nur direkt im Bach möglich ist und je nach Wasserstand Badelustige das letzte Stück zu dem 3 m hohen Wasserfall schwimmen können. Beim Schild »Wasserfall« zweigt jedoch rechts ein Pfad durch den Wald zu dem oberhalb gelegenen Weiler Tsourléï ab und links führen uns Holztreppen zur Umgehung der engen Schlucht steil die Felswand hinauf (Blick zum Wasserfall).

Wer weiter nach **Tsourléï** hinaufwandern möchte, orientiert sich an Tour 26; ansonsten wandern wir den gleichen Weg zurück nach **Potámi**. Hier können wir uns im Meer erfrischen, bevor wir die letzten ca. 20 Minuten auf der Asphaltstraße an der Küste entlang nach **Limáni Karlovasíou** wandern, auf dem gleichen Weg zurückkehren oder uns mit dem Bus oder Taxi zurückbringen lassen.

25 Von Potámi nach Kosmadéï

3.40 Std.

Wanderung zum wohl höchstgelegenen Dorf der Insel

Landschaftlich abwechslungsreich gestaltet sich diese Wanderung mit ihren einsamen Pfaden, schön gelegenen Dörfern und wunderbaren Ausblicken. Sehr urig ist es auch im Herbst in Tsourléï, wenn die Männer der Umgebung ihren Soúma brennen – Schnaps aus Weintraubentrester (vergleichbar dem italienischen Grappa).

Ausgangspunkt: Potámi, am westlichen Ende der Bucht. Mit dem Bus, Taxi oder in 30 Minuten zu Fuß von Limáni Karlovasíou nach Potámi oder Sie folgen Tour 24 von Limáni Karlovasíou nach Potámi.
Höhenunterschied: 620 m.
Anforderungen: Mittelschwer aufgrund einiger steiler Teilstücke; viel Schatten.
Einkehr: Kafenía und Tavernen in Potámi, Kosmadéï und Tsourléï.

Vom Ende der **Potámi-Bucht** wandern wir ca. 20 Minuten an der Küste entlang auf einer Schotterstraße, bis diese in einen markierten Pfad übergeht. Gleich an der ersten Weggabelung halten wir uns links und folgen dem leicht ansteigenden Pfad durch Olivenhaine. Nach weiteren ca. 10 Minuten geht es im etwas freieren Wiesengelände auf dem felsigen Pfad im Zickzack steil bergan und schon bald darauf erblicken wir die Schlucht von Mikró Seïtáni. Leider wird der alte Pfad hier durch einen hässlichen, frisch angelegten Weg unterbrochen. Wir müssen ein wenig über Geröll steigen, um auf diese Trasse zu gelangen. Ihr folgen wir wenige Minuten, bis wir sie bei einer deutlichen Linkskurve geradeaus verlassen. Wir befinden uns nun wieder auf dem alten

Die Ruine der frühbyzantinischen Kirche in Potámi, umgeben von Margeriten.

Pfad, aber der Verlauf ist hier anfangs etwas unklar. Wir halten uns einfach geradeaus und bald ist der Weg wieder gut zu erkennen. Allerdings stoßen wir schon kurz darauf auf einen Fahrweg, dem wir weiter bergauf folgen. Allmählich ändert sich die Vegetation, und die Macchia wird durch einen dichten Wald abgelöst. Nach 10 Minuten auf dem Weg erreichen wir eine Gabelung. Hier suchen wir nach dem mit roten Punkten markierten Beginn eines Pfades, der uns schön durch den Wald führt und den Fahrweg abkürzt. Er mündet erneut in einen breiteren Waldweg, der schon bald auf die Schotterstraße trifft. Dieser folgen wir weiter aufwärts und erreichen die **Kapelle Ágios Konstantínos und Eléni**, einen schönen Rastplatz.

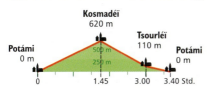

Wir setzen den Weg fort und gelangen bald in offenes Gelände mit Getreidefeldern, Weinbergen und einem schönen Blick auf das weite Tal unterhalb von Kosmadéï. Auf der Asphaltstraße bei einem Ikónisma, Schildern und einem verblichenen rosa Haus angekommen, biegen wir rechts ab. Schon nach ca. 5 Minuten folgen wir bei einem markierten Felsblock gegenüber von zwei Sommerhäusern der Fortsetzung des alten Pfades. Uns im Wald sofort links haltend, gelangen wir wieder auf die Straße, wenden uns dort ca. 100 m nach rechts und zweigen in der ersten Kurve abermals rechts auf den alten Kalderími ab. Bald darauf stoßen wir erneut auf die Straße und biegen nach ca. 5 Minuten hinter dem Wasserspeicher rechts wieder auf den Kalderími ab, der beim Friedhof von **Kosmadéï** in die Straße mündet. Über Treppenstufen gelangen wir an der Kirche vorbei zur Platía des sehr schön gelegenen Bergdorfes, das von sich behauptet, das höchste der Insel zu sein. Pándroson liegt aber scheinbar 10 m höher. Nach dem langen Anstieg kann man sich in einem Kafenío eine kleine Pause gönnen und von dort den wunderschönen Ausblick genießen.

Für den Abschnitt von **Kosmadéï** nach **Tsourléï** wandern wir zunächst den gleichen Weg zurück bis zur Abzweigung der Beton- bzw. Schotterstraße bei dem Ikónisma, den Schildern und dem rosa Häuschen. Von dort gehen wir auf der Asphaltstraße weiter einige Kurven bergab und biegen in den ersten Weg nach links ein, der uns in wenigen Minuten in den kleinen Ort **Nikoloúdes** bringt. Wir bewundern dort die mächtige Platane, das Wahrzeichen des Ortes, und erfrischen uns mit dem herrlichen Quellwasser.

Direkt bei der Platane führt ein Treppenweg abwärts, der bald auf einen breiten Waldweg stößt. Wir biegen links ein und folgen dem Weg durch ein kleines Tal, bis dieser sich zu einem Pfad verschmälert und aus dem Tal heraus auf ein Gehöft zuführt. An diesem Gehöft halten wir Ausschau nach dem Beginn des Kalderími, der hier rechts abbiegt und sich in Serpentinen durch dichten Nadelwald hinunter nach Tsourléï schlängelt. Manchmal versperren umgestürzte Bäume den Weg und müssen überstiegen oder umgangen werden. Der Verlauf des Weges ist dennoch deutlich zu erkennen. Zwischendurch ergeben sich schöne Ausblicke auf das Ámbelos-Massiv und das Dorf Plátanos. Nach einiger Zeit kreuzen wir eine Schotterstraße und folgen gleich links vor der Wasserleitung dem Pfad weiter steil bergab. Dabei lassen wir den rechten Abzweig nach Lékka außer Acht und orientieren uns weiter an einer gemauerten Wasserrinne, die wir einige Male überqueren. Nach einem Abstieg von ca. 40 Minuten auf dem Kalderími gelangen wir in das fast verlassene Dorf **Tsourléï**. Links führt uns der Weg an der Kirche vorbei zum alten Brunnen- und Waschhaus und zu einer kleinen Snackbar.

Wir folgen der Beton- bzw. Schotterstraße oberhalb des hier noch weiten Tals des Potámi-Bachs entlang und halten nach ca. 10 Minuten nach einem deutlich markierten Pfad Ausschau, der rechts abbiegt und steil in die Schlucht hinabführt. Wir erreichen den Talgrund und folgen dem Bach in Richtung Meer, wobei wir wiederholt die Seite wechseln. Im Frühjahr kann

Von hier sind es nur noch wenige Meter bis zum Wasserfall.

der Wasserstand ziemlich hoch sein. Wer dann Wert auf trockene Füße legt, sollte auf diesen Abstieg verzichten und auf dem Fahrweg weiter in die Potámi-Bucht wandern.
Auf jeden Fall sollten Sie nicht versäumen, sich die Kirche **Panagía tou Potamioú** und das byzantinische **Kástro** (vgl. Tour 24 und 28) anzuschauen.

Berg- und Küstenwanderung bei Karlóvasi

4.15 Std.

Hinauf zum wohl höchsten Bergdorf im westlichen Teil der Insel

Diese reizvolle Wanderung führt zunächst am Bach entlang durch die romantische Potámi-Schlucht und teils über uralte Kalderímia hinauf zu den verschlafenen Bergdörfern des Westens, wo die Zeit stehen geblieben scheint.

Ausgangspunkt: Potámi, an der Abzweigung zur byzantinischen Kirche Panagía tou Potamioú, dem Kástro und den Wasserfällen. Mit dem Bus oder Taxi von Limáni Karlovasíou nach Potámi.
Höhenunterschied: 620 m.
Anforderungen: Mittelschwere Tour mit langem Anstieg; nur mäßig Schatten.

Einkehr: In allen Orten.
Variante: Wem der Aufstieg durch die Potámi-Schlucht zu mühsam erscheint oder wer die im Frühjahr teilweise hohen Wasserstände des Baches vermeiden will, wandert vom westlichen Ende der Potámi-Bucht über die Beton- bzw. Schotterstraße in 40 Min. hinauf nach Tsourléï.

Vom Ausgangspunkt in **Potámi** passieren wir zunächst die älteste erhaltene byzantinische Kirche der Insel, die der Kímissis/Metamórphosis gewidmet ist, aber im Volksmund **Panagía tou Potamioú** (»Mutter Gottes des Flusses«) genannt wird. Weiter geht es am Bach entlang, den wir einige Male überqueren müssen, bis sich die Schlucht nach ca. 15 Minuten beim Schild »Wasserfall« verengt. Je nach Wasserstand können Badelustige von hier aus ein kurzes Stück zu dem 3 m hohen Wasserfall schwimmen.

Wir folgen rechts dem Wegweiser Richtung Tsourléï. Über Treppenstufen geht es unterhalb der Felswand steil den Berg hinauf, bis wir die Felsnase erreichen. Dort folgen wir dem markierten Pfad bis zur Straße von Potámi nach Tsourléï. Wir biegen nach links ein und erreichen nach ca. 10 Minuten den Ortsrand von **Tsourléï** am Brunnenhaus. Hier gibt es auch ein Kafenío mit bescheidenem Speisenangebot.

Wir folgen der Dorfstraße geradeaus an der Kirche mit Spuren von Wandmalereien vorbei, bevor wir gleich darauf rechts in einen schmalen Betonweg abbiegen. Gleich hinter der letzten Ruine des Dorfes wenden wir uns an der Pfadgabelung nach links, überqueren eine Wasserrinne, die uns zunächst als Orientierung dient, passieren gleich darauf einen Wasserspeicher und wandern auf dem spärlich markierten Kalderími durch den Wald den Berg hinauf. Nach ca. 20 Minuten überqueren wir eine Schotterstraße mit Blick auf Léka, Ydroússa und das Ám-

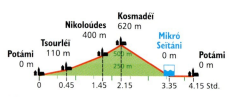

belos-Massiv. Der Kalderími führt uns nun eine Weile durch den Wald, bevor wir nach weiteren ca. 15 Minuten eine Gabelung (290 m) erreichen, an der es rechts nach Kosmadéï geht. Wir wandern weiter geradeaus und erreichen ca. 5 Minuten später ein Gehöft mit Aussicht auf Nikoloúdes. Wir durchqueren das besonders im Frühling wunderschöne kleine Tal mit seinen Olivenhainen, Wein- und Obstgärten und erreichen genau bei der riesigen Platane das kleine verschlafene Örtchen **Nikoloúdes**.

Hier zweigen wir nach links die Dorfstraße hinunter ab und steigen direkt gegenüber der Taverne »Das Goldene Herz« rechts die Treppenstufen zur Hauptkirche hinauf. Dort wenden wir uns nach links Richtung Friedhof und halten Ausschau nach dem gleich bei einem Steinmännchen beginnenden winzigen Pfad rechts in den Wald hinauf. Schon nach ca. 5 Minuten überqueren wir bei zwei Sommerhäusern rechts im Weingarten die Asphaltstraße nach Kosmadéï und treffen nach wenigen Minuten erneut auf diese Straße,

der wir rechts bergauf folgen. Nach ca. 5 Minuten zweigen wir nach einem großen Betonwasserspeicher rechts erneut auf den Kalderími ab und gelangen in ein paar Minuten beim Friedhof wieder auf die Straße. Über die Treppenstufen erreichen wir die Platía des sehr schön gelegenen Bergdorfes **Kosmadéï**, 620 m, das von sich behauptet, das höchste der Insel zu sein. Nach einer wohlverdienten Rast in einem Kafenío mit schöner Aussicht auf die Weinberge und das Kérkis-Massiv folgen wir für die nächste Etappe zuerst wieder dem gleichen Kalderími vom Friedhof aus bergab. Auf der Straße biegen wir wenige Minuten nach dem Wasserspeicher bei einem Felsblock mit Steinmännchen links auf den Pfad hinunter ab. (Wer diesen Abzweig verpasst, kann in einer der nächsten Kurven bei einem Schuppen links den ausgeschilderten Beton- bzw. Schotterweg Richtung Megálo Seïtáni nehmen.)

Treffpunkt in Nikoloúdes: die angeblich älteste Platane der Insel.

Ein Traum in Blau und Grün: die Bucht von Potámi.

Nach wenigen Minuten trifft dieser Pfad auf die eben genannte Straße, der wir nach links hinunter folgen. Dabei lassen wir einige Abzweigungen außer Acht und folgen der Hauptschotterstraße in Serpentinen mit schönem Blick auf das Meer ca. 35 Minuten bergab. Bei einem Sommerhaus mit blauem Ikónisma (Heiligenschrein) biegen wir links auf einen Pfad hinunter ab und treffen schon nach 3 Minuten erneut auf die Schotterstraße, die sich inzwischen in einen unbefahrbaren Geröllweg verwandelt hat. Dort wenden wir uns nach links und zweigen nach weiteren ca. 5 Minuten bei einem Steinmännchen rechts auf einen unmarkierten Pfad ab. Dieser schlängelt sich über Oliventerrassen in ca. 20 Minuten hinunter zum Küstenpfad zwischen Megálo und Mikró Seïtáni. Das letzte Stück ist ein bisschen unübersichtlich, aber man kann den Küstenpfad nicht verfehlen. Dort wenden wir uns nach rechts und erreichen knapp 25 Minuten später die **Bucht von Mikró Seïtáni**. Jenseits der Bucht gewinnen wir wieder rasch an Höhe. Herrliche Ausblicke auf das Meer werden vom Duft der Feldblumen und Kräutern untermalt. Unser Weg führt uns teils durch Olivenhaine und Wald. Nachdem wir ein trockenes Bachbett überquert haben, erreichen wir bald die Schotterstraße. Dort biegen wir links ab, gelangen in ca. 15 Minuten in die Bucht von **Potámi** und halten uns rechts zum Ausgangspunkt.

27 Rund um die Potámi-Schlucht und Karlóvasi

2.00 Std.

Gemütliche Wanderung zu Bergdörfern und einem Kloster

Nach einem erfrischenden Bad beim Wasserfall steigen wir zum verschlafenen Dorf Tsourléï hinauf und wandern von dort zu dem kaum besuchten Nonnenkloster Ágios Ioánnis.

Ausgangspunkt: Potámi, an der Abzweigung zum Wasserfall, zur byzantinischen Kirche und zum Kástro. Mit Bus oder Taxi von Limáni Karlovasíou nach Potámi.
Endpunkt: Limáni Karlovasíou, in der Nähe des Hafens in der Odós Kanári.

Höhenunterschied: 200 m.
Anforderungen: Leichte Tour, aber der Weg durch die Potámi-Schlucht ist etwas unwegsam.
Einkehr: In der Orten Potámi, Tsourléï und Limáni Karlovasíou.

Für die erste Etappe von **Potámi** nach **Tsourléï** verwenden wir die Tourenbeschreibung 26.

Nach einer kleinen Rast in **Tsourléï** unter den Platanen wandern wir vom Brunnenhaus an der Kirche vorbei auf der Betonstraße in Richtung Léka, das man schon von Weitem erblickt. Nach ca. 10 Minuten überqueren wir den Bach und steigen sogleich einen Meter die Böschung hinauf. Dort folgen wir einem Pfad knapp 5 Minuten bergauf bis zur Beton- bzw. Schotterstraße, auf der wir rechts weiter hinaufgehen. Wir lassen den rechten Abzweig außer Acht und biegen nach knapp 5 Minuten hinter einer wilden Müllkippe bei einer Terrassenmauer und einem dicken Olivenbaum links auf einen Pfad hinauf ab. Nach wenigen Minuten überqueren wir eine Schotterstraße, setzen unsere Wanderung auf dem Feldweg bergauf fort und genießen den herrlichen Blick auf das Tal von Tsourléï. Nach weiteren gut 5 Minuten erreichen wir bei einem Schuppen und Ikónisma die Asphaltstraße nach Léka und wenden uns nach links. Schon nach wenigen Minuten können wir diese Straße bei zwei Wegweisern zum Kloster wieder verlassen. Wir biegen dort links in einen Betonweg ab und halten uns sofort an der ersten Gabelung mit einem Schild rechts.

Im Potámi-Tal.

Paleó Karlóvasi – Dorfidylle, nur wenige Gehminuten vom betriebsamen Hafen.

Unser Weg führt uns kurz durch den Wald. Bevor wir nach ca. 10 Minuten das unscheinbare Nonnenkloster von **Ágios Ioánnis (tou Theológou)** erreichen, erblicken wir in weiter Ferne das Ámbelos-Massiv, umliegende Weinberge und Oliventerrassen. Besonders sticht dabei der unterhalb liegende Hügel von Paleó Karlóvasi mit seiner bunten Agía-Triáda-Kirche ins Auge.

Kurz vor dem Eingang zum Kloster führt uns rechts ein kleiner Stufenpfad, der schon bald in einen Kalderími übergeht, den Berg hinab. Nach ca. 5 Minuten stößt dieser schmale Kalderími bei einem gelben Haus auf einen breiteren, der rechts zum Friedhof hinaufführt. Wir halten uns aber links und erreichen kurz darauf – das letzte Stück über eine Treppe – die obere Platía von **Paleó Karlóvasi**. Dort wandern wir am rechten Ufer des Baches durch die Agías-Triádos-Gasse zur unteren Platia, von der wir einen kleinen Abstecher zum Hügel der **Kirche Agía Triáda** machen können.

Wieder zurück an der kleinen Platía mit der Taverne gelangen wir schließlich links über den Kalderími in ca. 10 Minuten hinunter nach **Limáni Karlovasíou**.

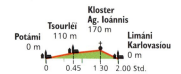

4.20 Std.

Von Paleó Karlóvasi nach Kastaniá 28

Ideale Frühlingswanderung mit weitem Panorama

Über Kalderímia, Pfade, Schotterstraßen und etwas Asphalt führt uns die Wanderung in das schön gelegene Kastaniendorf Kastaniá und das verschlafene Bergdörfchen Nikoloúdes mit einer der ältesten Platanen der Insel.

Ausgangspunkt: Limáni Karlovasíou, in der Nähe des Hafens in der Odós Kanári beim Schild »Paleo« in die Odós Agíou Ioánni Prodrómou einbiegen. Mit dem Bus, Taxi oder zu Fuß von Karlovási nach Limáni Karlovasíou
Endpunkt: Potámi. Mit Bus, Taxi oder zu Fuß zurück nach Karlóvasi.
Höhenunterschied: 400 m.
Anforderungen: Mittelschwer, bedingt durch die lange Dauer der Wanderung; ein wenig Asphaltstraße, aber kaum Verkehr; mäßig Schatten.
Einkehr: Kafenía und Tavernen in Léka, Kastaniá, Tsourléï und Potámi.

Vom Ausgangspunkt in **Limáni Karlovasíou** folgen wir für einige Minuten der Asphaltstraße an einer blauen Kirche vorbei, bevor wir nach links über eine Brücke den Bach überqueren. An ihm entlang gelangen wir in weiteren ca. 5 Minuten über den breiten Kalderími zur unteren Platía in **Paleó Karlovási**.
Von dort geht es geradeaus weiter durch die Odós Agías Triádos zur zweiten Platía, wo wir bei der Telefonzelle neben der mächtigen Platane die Treppen hinaufsteigen. Wir wenden uns sogleich bei einem rot markierten Telegrafenmast nach links und folgen dem Betonweg am Judas-Bildnis vorbei in den Wald hinauf. Kurz darauf biegen wir unterhalb eines Hauses an einer Gabe-

Paleó Karlóvasi im Morgenlicht.

lung mit rotem Pfeil rechts auf den Kalderími hinauf ab, auf dem wir in gut 5 Minuten zum kleinen Nonnenkloster **Ágios Ioánnis (tou Theológou)** gelangen.

Hier wenden wir uns nach links und folgen der Beton- bzw. Schotterstraße gut 10 Minuten bis zur Asphaltstraße nach Léka. Dort biegen wir rechts ab und erreichen nach ca. 15 Minuten den Parkplatz von **Léka**. Wir verlassen nun die Asphaltstraße und gehen geradeaus hinauf zum schattenreichen Hauptplatz mit seinen Kafenía. Von hier genießen wir eine herrliche Aussicht auf das Tal und das Ámbelos-Massiv.

Zur Fortsetzung der Wanderung folgen wir der aufwärtsführenden Dorfstraße geradeaus an der Talseite zum Oberdorf, lassen die große Kirche oben auf dem Hügel rechts liegen und überqueren nach knapp 5 Minuten bei einem blau-weißen Ikónisma die Asphaltstraße Richtung Kastaniá. Auf einem Feldweg wandern wir von nun an durch Olivenhaine, Weingärten und Wald, bis wir knapp 10 Minuten später an einer Gabelung bei Weinbergterrassen links auf einen anderen, leicht ansteigenden Feldweg abbiegen. Nach weiteren ca. 5 Minuten erreichen wir die Asphaltstraße nach Kosmadéï, in die wir links abzweigen und auf der wir schon nach ca. 5 Minuten zur breiteren Asphaltstraße von Léka nach Kastaniá kommen. Hier wenden wir uns nach rechts und folgen

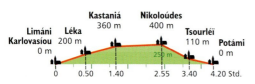

der Straße ca. 15 Minuten hinauf, bis wir bei einem Schuppen rechts in eine kleine Betonstraße nach Kastaniá hinauf abbiegen. Auf dieser erreichen wir gleich darauf die Gedenkstätte für die im Jahr 1943 (wahrscheinlich durch Italiener) hingerichteten 27 Dorfbewohner. Hier halten wir uns rechts und folgen dem Kalderími hinauf ins Dorf. Vor der großen Kirche wenden wir uns nach links und gelangen sogleich zur Platía von **Kastaniá** mit dem renovierten Brunnenhaus und einer Taverne, wo wir uns erfrischen können.

Auf der Dorfstraße ein Stück zurück, folgen wir den roten Markierungen an der großen und kleineren Kirche vorbei zum Ortsende. Bei einem Hühnerstall geht der Betonweg in einen rot markierten Pfad über, aus dem schon bald ein unbefestigter Fahrweg wird. Nachdem wir eine Rinne überquert haben, biegen wir nach ca. 10 Minuten (ab der Platía) an einer Gabelung links hinauf ab und folgen geradeaus, auf gleicher Höhe bleibend, dem noch spärlich rot markierten Waldweg. Wir umrunden, mal bergauf und mal bergab, das weite Tal auf einer Höhe von ca. 400 m, bis wir ca. 40 Minuten später weit oberhalb von zwei blauen Kuppelkirchen auf die Asphaltstraße nach Kosmadéi stoßen, auf der es links bergauf geht. Die Spuren eines Waldbrands sind hier noch deutlich zu sehen. Bald aber erreichen wir wieder ein intaktes Waldgebiet und gelangen eine Viertelstunde später zu der riesigen Platane des verschlafenen Bergdörfchens **Nikoloúdes**.

Bei diesem Giganten steigen wir die Betonstufen hinab und durchqueren auf einem Feldweg das hübsche kleine Tal, bis wir nach knapp 10 Minuten ein Gehöft am Waldrand erreichen. Hier geht der Pfad in einen gut erhaltenen Kalderími über, auf dem wir durch den Wald hinabwandern. Dabei lassen wir nach knapp 5 Minuten den linken Abzweig (nach Kosmadéi) außer Acht und überqueren nach weiteren gut 10 Minuten eine Schotterstraße. Von nun an dient uns die Wasserleitung als Orientierung (der rechte Abzweig nach ca. 5 Minuten führt nach Léka). Schon nach einer weiteren Viertelstunde erreichen wir den Ortsrand von **Tsourléi**, wo wir links sogleich zum Brunnenhaus und der Snackbar unter den Platanen gelangen.

Nach einer kleinen Rast geht es auf der Beton- bzw. Schotterstraße in ca. 40 Minuten hinab nach **Potámi**. Hierzu können wir auf der Schotterstraße bleiben oder durch die Schlucht von Potámi zur Bucht hinabsteigen (siehe Beschreibung von Tour 25).

Blühender Mohn im Olivenhain.

29 Von Plátanos nach Kondakéïka

3.15 Std.

Zu Besuch bei dem idyllischen Kleinod Petaloúdas

Die recht einfache Wanderung führt uns durch landschaftlich zauberhafte Gegenden am Fuße des Ámbelos-Massivs entlang mit Blick auf den Kérkis. Bevor wir aber unsere Tour in Plátanos mit seinen hübschen Kafenía unter einer alten Platane beginnen, sollten wir unsere Flaschen mit dem guten Quellwasser des Brunnens füllen. Jeder sollte aber selbst entscheiden, wie viel er davon trinkt, denn der Volksmund sagt, dass man bald heiratet, wenn man zu viel davon zu sich nimmt. Höhepunkt der Wanderung ist der romantische Flecken Petaloúdas mit seiner Kapelle, die der Kímissis tis Theotókou (Entschlafung der Mutter Gottes) gewidmet ist. Sehenswert sind die gut erhaltenen Fresken im Innenraum.

Ausgangspunkt: Plátanos, am Hauptplatz (Platía) mit Brunnenhaus von 1837. Bus von Samos-Stadt (über Pythagório) oder mit dem Taxi von Karlóvasi, da der Bus von dort entweder sehr früh oder zu spät abfährt.
Endpunkt: Ágios Dimítrios (Vorort von Kondakéïka), an der Küstenstraße. Bus nach Karlóvasi oder Samos-Stadt.

Höhenunterschied: Aufstieg 70 m, Abstieg 460 m.
Anforderungen: Leichte, angenehme Tour, da es von 530 m meist bergab zum Meer hinuntergeht; nur einige kleine Anstiege; mäßig Schatten.
Einkehr: In allen Ortschaften gibt es Kafenía, die aber nicht immer geöffnet sind.

Von der Platía in **Plátanos**, 530 m, folgen wir der Straße in nördlicher Richtung aus dem Dorf hinaus. Weingärten und Olivenbäume, Judasbäume und im Frühling Feldblumen lassen die 15 Minuten über die Asphaltstraße nicht langweilig werden. In einer scharfen Rechtskurve bei Leitplanken wandern wir dann links von einem kleinen Kiefernwäldchen auf einem Feldweg geradeaus weiter. Schon nach wenigen Minuten kreuzt der Weg die Asphaltstraße und setzt sich auf der anderen Seite durch Weingärten abwärts fort. Kurz danach führt er erneut auf

Landschaft bei Ydroússa. Im Hintergrund erhebt sich das Kérkis-Massiv.

die Straße hinunter, der wir wenige Minuten nach rechts folgen. In einer scharfen Rechtskurve biegen wir links auf einen steinigen Feldweg hinunter ab, der uns an einem Stall vorbei erneut zur Asphaltstraße führt, auf der wir links sogleich **Kondéïka** erreichen.

Hinter der Hauptkirche biegen wir bei einem Schild in die erste Straße rechts zur Platía ab, halten uns dort rechts und bleiben auf der unteren Hauptgasse. Nachdem wir einen Brunnen passiert haben, zweigen wir bei einem Laternenpfahl am Ortsende links auf einen steilen Betonweg hinunter ab. Zum Glück wird bald ein Feldweg daraus, auf dem wir sogleich einige kleine Häuser und eine neue Kapelle passieren. Wir folgen dem inzwischen breiter gewordenen Weg mit spärlicher Markierung immer bergab und lassen dabei die linken Abzweigungen außer Acht. Durch Olivenhaine und Kiefernwald gelangen wir bald darauf hinunter zu einem Bachbett mit Oleanderbüschen und Platanen (ca. 20 Minuten ab Kondéïka).

Nachdem wir den Bach überquert haben, geht es auf dem Weg durch dichten Wald bergan. Gleich an der ersten Gabelung mit einer dicken Platane folgen wir der Straße links hinauf und halten uns an der nächsten Gabelung am Ende des Aufstiegs links. Wir bleiben auf dieser Straße, bis es ca. 5 Minuten später an einer weiteren Gabelung mit dem Schild »Xerólakko, Ag. Iríni und Kondéïka« auf einem breiteren Weg links weiter bergab geht. Bei einem kleinen Häuschen mit grünem Tor und rotem Pfeil biegen wir rechts ab, passieren einen Betonschuppen links und wandern vorbei an Feldern und Weinbergen mit schönen Blicken auf das Kérkis-Massiv linker Hand. Bald erreichen wir den Ortsbeginn von **Ydroússa**.

Wir folgen der Betonstraße und biegen zwischen einem bunten Haus und einer Kapelle bei einem roten Pfeil hinunter zur Platía mit Kafenío und dem Brunnenhaus neben der Hauptkirche ab.

Von dort setzt sich unser Weg hinter der Apsis der Kirche fort. Wir zweigen sogleich bei der Platane mit dem Briefkasten bei einem rot markierten Laternenpfahl rechts hinauf ab und folgen im Zickzack den schwachen Markierungen durch die engen Gassen in nordöstlicher Richtung bis zum Ortsende. An einer Mauer halten wir uns links. Beim Schild »Petaloúda, Vatiá und Kouroúta« wenden wir uns nach rechts und wandern am Ikónisma vorbei auf dem Betonweg aus dem Dorf hinaus. Langsam durch Olivenhaine und Kiefernwald ansteigend, gelangen wir auf der gut markierten Schotterstraße nach gut 15 Minuten an eine Gabelung, wo wir uns bei einem weiteren Schild »Petaloúdas« nach links wenden und kurz darauf das Bachbett überqueren. Auf der anderen Seite wieder bergauf, halten wir nach ca. 200 m Ausschau nach einem schmalen, markierten Pfad. Dieser führt uns links sogleich nach **Petaloúdas**, einem idyllischen Fleckchen Erde mit vier riesigen alten Platanen, einer Quelle und einer kleinen Kirche. Die schönen Fresken sind leider durch Einritzungen etwas beschädigt. Kein Wunder, dass inzwischen auf den meisten griechischen Inseln die Gotteshäuser verschlossen bleiben. Auf Samos herrscht noch weitgehend Vertrauen auf den respektvol-

Die Kapelle bei Petaloúdas birgt sehenswerte Fresken.

Panoramablick auf Kondakéïka.

len Umgang mit den religiösen Traditionen. Umso schlimmer, wenn dies missbraucht wird.

Von diesem stillen Ort gehen wir den Weg mit den roten Punkten links an der Quelle vorbei und gelangen gleich darauf bei der Wasserpumpstation wieder auf die Schotterstraße, auf der wir links weiterwandern. Wir stoßen ca. 5 Minuten später auf eine breite Schotterstraße, der wir links hinunter folgen. Bald wird der Blick auf Karlóvasi frei. Alle Abzweige außer Acht lassend, treffen wir nach weiteren ca. 30 Minuten bei der Asphaltstraßengabelung Ydroússa, Kondakéïka auf die Hauptstraße, wo wir uns nach rechts wenden und kurz darauf **Kondakéïka** erreichen.

Am Ortsanfang biegen wir gleich links auf eine kleine Betonstraße ab, der wir oberhalb des Baches am westlichen Ortsrand entlang folgen. Einige Treppenstufen führen uns erneut auf die Asphaltstraße, auf der wir in ca. 20 Minuten hinunter zur Küstenstraße gelangen. Hier in **Ágios Dimítrios** gibt es eine Bushaltestelle und eine Taverne. Wer noch Zeit und Lust hat, erreicht von dort aus nach ca. 1 km Ágios Nikólaos, wo man in einer Fischtaverne direkt am Meer gut essen kann.

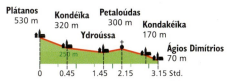

30 Von Potámi nach Drakéï

3.15 Std.

Eindrucksvolle Küstenwanderung

Diese Wanderung mit ihren fantastischen Ausblicken auf das türkisblaue Meer darf ohne Übertreibung zu den schönsten der Insel gezählt werden. Lange Zeit führt uns der Weg an der eindrucksvollen Steilküste entlang, unterbrochen durch die Abstiege in die malerischen Badebuchten von Mikró und Megálo Seïtáni (was »kleiner und großer Teufel« heißt). In die Bucht von Megálo Seïtáni mündet die gewaltige Kakopérato-Schlucht. Dieser Name bedeutet »schlechter Durchgang« – und in der Tat ist sie bis heute nicht begehbar. Früher lebten in der nur vom Meer und über Pfade zugänglichen Bucht viele Köhler und man sah schon von Weitem den Rauch der Holzkohlenfeuer aufsteigen. Heute gibt es hier zahlreiche Sommerhäuser.

Ausgangspunkt: Potámi, am westlichen Ende der Bucht. Mit dem Bus oder Taxi von Limáni Karlovasíou.
Endpunkt: Drakéï, an der Hauptkirche. Rückfahrt mit dem Bus nach Karlóvasi: während der Schulzeit Mo–Fr am frühen Nachmittag, ansonsten zweimal pro Woche. Rückweg zu Fuß auf derselben Route.
Höhenunterschied: 590 m.

Anforderungen: Mittelschwer, mit einigen steilen Anstiegen; meistens auf Pfaden; wenig Schatten.
Einkehr: Kafenía, Tavernen und Übernachtungsmöglichkeiten in Potámi und Drakéï.
Hinweis: Genügend Wasser mitnehmen, da es erst in Drakéï eine Quelle gibt.

Die weite Bucht von Megalo Seïtáni.

Vom Ende der **Potámi-Bucht** folgen wir der teilweise betonierten und langsam ansteigenden Schotterstraße immer an der Küste entlang. Wir ignorieren zwei Abzweigungen, bis wir nach gut 20 Minuten bei einem knorrigen, alten Olivenbaum, Steinmännchen und roten Markierungen rechts auf einen Pfad abbiegen (diese Abzweigung liegt ca. 100 m vor einem Heiligenschrein auf dem Schotterweg. Wenn wir diesen erreichen sollten, sind wir bereits ein Stück zu weit und müssen umkehren).

Nachdem wir ein kleines Wäldchen, im Frühling bunte Blumenwiesen und einen Olivenhain hinter uns gelassen haben, wandern wir mit wunderschönem Panoramablick die Steilküste entlang und erreichen ca. 30 Minuten später die Bucht von **Mikró Seïtáni**.

Am anderen Ende der Bucht schlängelt sich der markierte Pfad erneut an der Felswand ca. 100 m über der Küste entlang. Besonders im Mai blicken wir auf ein Meer von blühenden rosa und weißen Zistrosen und der Duft von Ginster und Salbei steigt uns in die Nase. An einer Gabelung nach ca. 30 Minuten zeigt ein Steinmännchen den Abzweig zum Bergdorf Kosmadéï an. Wir wandern aber geradeaus und steigen nach weiteren ca. 15 Minuten in die größere und schönere Badebucht von **Megálo Seïtáni** hinab.

Am Ende des Strandes halten wir uns links und folgen dem leicht ansteigenden Pfad an den linken Häusern vorbei. Nachdem wir die Siedlung hinter uns gelassen haben, gewinnt der Pfad an Höhe und führt uns weiter an der Steilküste entlang. Nach einem ca. 50-minütigen Anstieg erreichen wir ein Plateau. Mit Blick auf das Kérkis-Massiv wandern wir von nun an auf gleicher Höhe ca. 10 Minuten landeinwärts bis zum Beginn eines Fahrweges, der

Mikro Seïtáni lädt zu einem erfrischenden Bad ein.

Einsame Küstenlandschaft im Nordwesten.

Drakéï mit Potámi verbinden sollte, was aber zum Glück von Umweltschützern verhindert werden konnte. Wir umrunden ein tiefes Tal auf einer Schotterstraße und überqueren einen im Frühling sprudelnden Bach. Auf der anderen Seite des Tales angekommen, halten wir links Ausschau nach einem Pfad mit Steinmännchen. Dort geht es kurz durch Wald, Wein- und Obstgärten und an einem grünen Ikónisma vorbei, bis wir sogleich auf die Schotterstraße stoßen, die uns links ins Oberdorf von **Drakéï** bringt. Wir folgen der Betonstraße hinab und gelangen kurz darauf zur Hauptkirche mit den umliegenden Tavernen, in denen wir uns nach dem anstrengenden Anstieg stärken können. Inzwischen gibt es in Drakéï Übernachtungsmöglichkeiten, sodass wir dieses hübsche Bergdorf auch als Basis für schöne Wanderungen nutzen können.

31 Von Drakéï über Megálo Seïtáni nach Kosmadéï

3.15 Std.

Über die schönste Badebucht des Westens zum wohl höchsten Dorf des Westens

Nachdem wir vom »Drachendorf« an der Steilküste entlang zum »Großen Teufel« hinuntergestiegen sind und uns im salzigen Meer erfrischt haben, können wir uns während des anstrengenden Anstiegs zu einem der beiden höchsten Dörfer der Insel in einem Süßwasserpool an einem Bach abkühlen.

Ausgangspunkt: Drakéï, an der Dorfkirche. Anfahrt siehe Tour 32.
Endpunkt: Kosmadéï. Auf demselben Weg oder mit dem Taxi zurück nach Drakéï.
Höhenunterschied: Abstieg 300 m, Aufstieg 620 m.
Anforderungen: Mittelschwer, da es von Megálo Seïtáni nach Kosmadéï steil bergauf geht.

Einkehr: In Drakéï und Kosmadéï.
Variante: Gute Kombinationsmöglichkeiten mit Tour 25 (von Kosmadéï nach Potámi) oder Tour 34 bzw. 32 (von Kosmadéï über die Vígla und die Zástana nach Drakéï; es ist empfehlenswert, vorher ein Zimmer in Kosmadéï zu reservieren oder draußen auf dem Berg zu übernachten.

Von der Dorfkirche in **Drakéï** wandern wir geradeaus unterhalb der Taverne »Omónia« vorbei und folgen der Betonstraße hinunter zum Brunnen mit Waschhaus, wo wir uns mit frischem Quellwasser eindecken können. Von dort gehen wir Richtung Friedhof weiter, biegen aber ca. 40 m vorher rechts auf einen rot markierten Pfad hinauf ab, der bald darauf in eine Schotterstraße übergeht. Nachdem diese sogleich in die Hauptschotterstraße eingemündet ist, halten wir uns rechts und umrunden in ca. 15 Minuten eine Schlucht.

Mit Blick auf das Meer führt uns der Weg jetzt eine Weile über ein bewaldetes Plateau. Bald darauf erreichen wir die Steilküste, an der sich der Pfad langsam bergab schlängelt, bis wir auf einer Höhe von ca. 150 m bleibend weiterwandern. Im Frühling führt uns der Pfad durch ein Meer von blühenden

Badepausen inbegriffen: in der Bucht von Megálo Seïtáni.

Zistrosen, Ginster und Salbei. Nachdem wir einige Höhlenställe hinter uns gelassen haben, erreichen wir kurz darauf die Olivenhaine der ehemaligen Köhlersiedlung in der Bucht von **Megálo Seïtáni**, wo Badefreudige sich ins klare Wasser stürzen können.

Am anderen Ende der Bucht steigen wir den Kalderími hinauf und wandern bald auf einer Höhe von ungefähr 130 m weiter. Nach knapp 15 Minuten gelangen wir zu einer Pfadgabelung, an der wir bei einem Steinmännchen und roten Markierungen rechts hinauf abbiegen. Nach weiteren gut 15 Minuten halten wir uns an der nächsten Gabelung mit roten Markierungen abermals rechts. Von nun an führt unser Weg steil den Berg hinauf, bis wir knapp fünf Minuten später auf eine weitere Gabelung stoßen, an der es erneut rechts weitergeht. Kurz darauf erreichen wir bei einem Schuppen und zwei Ruinen eine Beton- bzw. Schotterstraße, auf die wir nach rechts hinauf abbiegen. Nachdem wir wenige Minuten später ein Wasserbecken passiert haben, folgen wir bei einem blauen und roten Punkt der Fortsetzung des alten Kalderímis aufwärts. Kurz darauf überqueren wir bei einer weißen Mauer, einem Ikónisma und einem Schuppen die Schotterstraße und steigen weiter bergan. Dabei müssen wir zweimal zugewachsene Pfadstellen rechts umgehen, bevor wir nach gut fünf Minuten bei einem roten Pfeil wieder auf die Beton- bzw. Schotterstraße treffen.

Ein idyllischer Küstenabschnitt vor dem Aufstieg.

Hier halten wir uns links und folgen der Straße knapp fünf Minuten bergauf. In einer scharfen Rechtskurve (evtl. mit Steinmännchen) biegen wir links leicht bergab in den Waldweg ab, der kurz darauf im Olivenhain endet. Dort finden wir an einer Terrassenmauer erneut die Fortsetzung des Kalderímis, auf dem wir nach rechts hinaufwandern (teils etwas zugewachsen, lange Hosen sind angebracht). Schon bald stehen wir an einer gewaltigen Schluchtwand, an der der Pfad eine Weile entlangführt. Die ersten Häuser von Kosmadéï kommen in Sicht. Nachdem wir eine hohe Terrassenmauer mit Schuppen passiert haben, erreichen wir ca. 10 Minuten später einen Bach mit Platanen. Im Frühling führt er so viel Wasser, dass man in einem Becken unter einem kleinen Wasserfall ein erfrischendes Bad nehmen kann. Nachdem wir dieses idyllische Plätzchen verlassen haben, überqueren wir den Bach und setzen unseren Anstieg auf dem deutlichen Kalderími fort. Nach ca. 12 Minuten (ab Bach) mündet der Pflasterweg in eine Schotterstraße, auf der wir rechts bergauf weitergehen. In wenigen Minuten treffen wir bei einem ausgedienten Kühlschrank auf die Asphaltstraße nach Kosmadéï, der wir ca. fünf Minuten rechts bergauf folgen. Gleich nach einem Betonwasserspeicher befindet sich in einer Linkskurve rechts die Fortsetzung des alten Kalderímis. Auf diesem etwas zugewachsenen Maultierweg erreichen wir kurz darauf die Asphaltstraße am Friedhof. Dort gelangen wir über Treppenstufen und an der Kirche rechts haltend zur Platía von **Kosmadéï**, wo man sich im kleinen Kafenío »To Stéki« stärken kann.

3.45 Std. — Von Drakéï in die Bergwelt des Kérkis-Massivs — 32

Waldwanderung hoch über der Westküste zu zwei eindrucksvollen Höhlenkirchen

Durch frischen Kiefernwald, im Frühling begleitet von dem Duft der riesigen Ginsterbüsche, führt uns diese Wanderung langsam aufwärts zur Nordwand des Kérkis-Massivs, wo in schwindelnder Höhe die beiden Höhlenkirchen wie Schwalbennester an der Felswand kleben.

Ausgangspunkt: Drakéï, an der Dorfkirche. Außerhalb der Ferienzeiten von Mo–Fr Schulbus von Samos-Stadt und Karlóvasi nach Drakéï und Kallithéa, ansonsten Linienbus zweimal wöchentlich; zeitweise fährt der Bus nur bis Kallithéa. Vorher unbedingt erkundigen!

Endpunkt: Kallithéa. Rückfahrt s.o.
Höhenunterschied: 550 m.
Anforderungen: Leichte Wanderung, bis auf den steilen Anstieg zu den beiden Höhlenkirchen.
Einkehr: In Drakéï und Kallithéa (auch Übernachtungsmöglichkeiten).

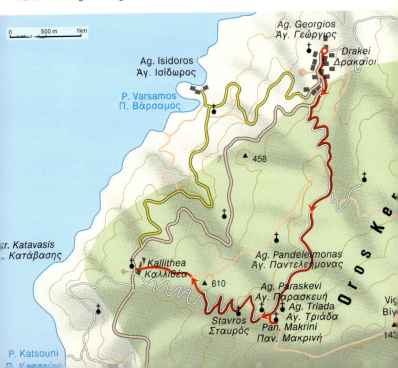

Drakéï, das Ziel unserer Wanderung, kommt in Sicht.

Von der Kirche in **Drakéï** gehen wir zunächst ca. 10 Minuten über die Asphaltstraße in Richtung Kallithéa, bevor wir beim Schild »Kallithéa und Ágios Dimítrios« links auf die Schotterstraße abbiegen. Leicht ansteigend wandern wir gemütlich mit schönen Ausblicken zunächst durch eine Landschaft mit Olivenhainen, Wald und Ginster. Nach weiteren ca. 20 Minuten lassen wir einen rechten Abzweig außer Acht und folgen der breiteren Hauptschotterstraße weiter durch den Wald bergauf, wobei wir alle rechten und linken Abzweige ignorieren. Nachdem wir ca. 30 Minuten später einen Betonwasserspeicher passiert haben, gelangen wir kurz darauf auf einen kleinen Sattel, 580 m. Von dort folgen wir weiter der Hauptschotterstraße, ignorieren nach ca. 10 Minuten den rechten Abzweig hinunter zur Kapelle von Ágios Pandeléïmon und kurz darauf den linken mit dem verblichenen Schild »KERKYSVIGLA«. Ca. 30 Minuten später erreichen wir beim Schild »Panagía Makriní« und zwei uralten Platanen mit einer Quelle die hübsche schiefergedeckte Kapelle von **Agía Paraskeví**. Dieses idyllische Plätzchen lädt zu einer Rast vor dem steilen Aufstieg zu den beiden Höhlenkirchen ein.

Wir setzen unseren Weg auf der Schotterstraße über der Kapelle fort und erreichen in ca. 10 Minuten bei einem Wendeplatz den ausgeschilderten Pfadbeginn zu den Höhlenkirchen. Hier geht es steil auf dem in neuerer Zeit angelegten und mit weißen Kreuzen markierten Kalderími an der Felswand hinauf, bis wir nach ca. 20 Minuten zu der unteren Höhlenkirche gelangen. Die 1764 erbaute weiße Kuppelkirche **Panagía Makriní** (die Weitentfernte) ist der Kímissis tis Theotókou (Entschlafung der Muttergottes) geweiht. Sie ist wunderschön in die Felswand integriert. Von einem Vorplatz aus bietet sich ein herrlicher Blick auf die unterhalb gelegenen Buchten von Ágios Isídoros und Vársamos sowie auf die Nachbarinseln Ikaría und Chíos. Um zur oberhalb gelegenen, architektonisch wenig beeindruckenden Kapelle von **Agía Triáda** zu gelangen, gehen wir kurz bis zur ersten Pfadgabelung zurück und steigen von dort in wenigen Minuten hinauf. (Hierbei lassen wir uns auf halbem Weg nicht von roten Punkten irritieren, denn sie dienen dem schweren Aufstieg zur 1443 m hohen Vígla, dem höchsten Gipfel des Kérkis-Massivs, siehe Tour 32).

Unten zurück an der Quelle mit den alten Platanen und der Kapelle wenden wir uns nach links und folgen der Hauptschotterstraße nun langsam bergab in das ca. 4 km entfernte Kallithéa. Dabei lassen wir nach ungefähr 30 Minuten den linken Abzweig mit dem Schild »Stavrós« außer Acht, passieren bald darauf eine kleine Hirtensiedlung und ignorieren einen rechten Schotterstraßenabzweig. Nach knapp 15 Minuten (ab dem Schild »Stavrós«) biegen wir bei einem Steinmännchen auf einen unmarkierten, jedoch deutlich sichtbaren Pfad hinunter ab. Nachdem wir ca. 10 Minuten eine betonierte Wasserleitung überquert haben, wenden wir uns nach links und erreichen sogleich, uns rechts haltend, die Ortsmitte von **Kallithéa** mit seinen alten Kafenía.

Wie ein Schwalbennest hängt die Höhlenkirche der Panagía Makriní in der Felswand.

33 Von Drakéï auf die Gipfel der Vígla und Zástana

9.45 Std.

Alpine Wanderung zu den höchsten und markantesten Gipfeln des Kérkis-Massivs

Nach dem spektakulären, schwierigen Anstieg zur Vígla werden wir in schwindelnder Höhe durch einen fantastischen Panoramablick auf den südwestlichen Teil von Samos und die Nachbarinseln Ikaría und Foúrni belohnt. Der Weiterweg zum Zástana, dem markantesten Gipfel des Kérkis-Massivs, erfolgt dann ohne größere Schwierigkeiten.

Ausgangspunkt: Drakéï, an der Dorfkirche. Drakéï und Kallithéa erreicht man von Samos-Stadt und Karlóvasi Mo–Fr außerhalb der Ferienzeiten mit dem Schulbus, ansonsten zweimal wöchentlich mit dem Linienbus; zeitweise fährt der Bus nur bis Kallithéa. Vorher unbedingt erkundigen!
Höhenunterschied: 1100 m.
Anforderungen: Der wohl schwerste Anstieg zur Vígla ist nur für sehr geübte, schwindelfreie und trittsichere Bergwanderer empfehlenswert. Außerdem nur bei stabiler Wetterlage und nicht bei starkem Wind unternehmen. Durch die lange Dauer der Wanderung sehr anstrengend.
Zum Glück wurde der Anstieg von der samiotischen Abteilung des griechischen Bergsportvereins (EOS) mit roten Punkten und Schildern markiert. Wegen der Länge der Tour ist es eventuell ratsam, im Freien zu übernachten (guter Schlafplatz in einer Wiesenmulde unterhalb des Zástana, siehe Tour 34).
Einkehr: In Drakéï und Kallithéa (auch Übernachtungsmöglichkeiten).
Varianten: Verschiedene Abstiegsmöglichkeiten von der Vígla: 1) Auf demselben Weg zurück nach Drakéï oder Kallithéa. – 2) Einfacher ist aber der rot-weiß markierte Weg hinunter nach Votsalákia (siehe Tour 39).

Von **Drakéï** aus benutzen wir die Wegbeschreibung von Tour 31 bis kurz unterhalb der Höhlenkirche **Agía Triáda**, wo die roten Punkte den Weg zur Vígla anzeigen.
Immer den roten Markierungen folgend, geht es nun unterhalb einer steilen Felswand zunächst über Felsplatten in südwestlicher Richtung ca. 1 Stunde

steil bergauf. Wir erreichen einen 1100 m hoch gelegenen Grat, der einer Säge gleicht und deshalb von den Griechen »Prióni« genannt wird. In atemberaubender Höhe klettern wir von nun an auf dem zu beiden Seiten steil abfallenden Grat ca. 1 Stunde in östlicher Richtung weiter, bis wir etwas flacheres Gelände erreichen. Dabei kann es sein, dass wir wilde Ziegen erschrecken, die erstaunt über unsere akrobatische Leistung das Weite suchen. Nachdem wir den Grat hinter uns gelassen haben und auf den nun flacheren Berghängen durch ein Meer von kleinen Frühlingsblumen wandern, fällt unser Blick auf den zur Linken liegenden Messpunkt, den man leicht für den höchsten Gipfel halten könnte. Wir lassen uns aber nicht beirren, sondern halten uns halb rechts und schon bald kommt der eigentliche Gipfel in Sicht, den wir nach ca. 30 Minuten (ab Grat) ohne Mühe erreichen. Von der 1443 m hohen **Vígla** bietet sich bei klarer Sicht ein wunderschöner Blick auf die umliegende Inselwelt, das Ámbelos-Massiv mit dem Profítis Ilías und die türkische Küste – ein unvergessliches Erlebnis!

Unser Abstieg bzw. Weiterweg zur Zástana erfolgt nun über den Hauptkamm des Massivs in nordöstlicher Richtung. Dabei führt uns die Route ohne Schwierigkeiten mit kleinen An- und Abstiegen in gut 1 Stunde hinüber zur 1195 m hohen **Zástana**, dem markantesten Berg des Kérkis-Massivs. Kurz vor dem letzten Anstieg wandern wir an einer Gabelung mit einem Steinmännchen und einem gelben Kreuz geradeaus weiter. (Wer sich den Aufstieg ersparen will, biegt hier schon links hinunter ab.) Wir folgen jedoch den guten Markierungen hinauf zum Gipfel. Auch diese Markierungen haben wir dem griechischen Bergsportverein EOS zu verdanken.

Auf demselben Weg zurück zur Gabelung, beginnen wir nun den nicht besonders schwierigen Abstieg. Dieser führt uns zunächst den Berghang hinunter, bis wir in den Wald gelangen, in dem wir im Frühling wilde Pfingstrosen entdecken und die Blüten des gelben Gemswurzes unseren Weg säu-

Bei der Höhlenkirche Panagía Makriní beginnt der Aufstieg zur Vígla.

Blick auf die Nachbarinsel Foúrni.

men. Teilweise über alte Pfade, felsiges freies Gelände und an einer imposanten Felswand entlang wandern wir weiter bergab. Bevor wir bei einer alten Steineiche auf eine Quelle stoßen, müssen wir einige Male kurze Geröllfelder überwinden. Von nun an geht es in einem trockenen Bachbett hinunter in den Wald und schon bald gelangen wir nach einem Abstieg von ca. zwei Stunden bei dem großen Schild »Kérkis/Vígla« auf einen Waldweg. Hier wenden wir uns nach links und treffen sogleich auf eine schöne Wiese: Wir verlassen den Waldweg, überqueren geradeaus die Wiese und folgen am anderen Ende dem unmarkierten, aber klaren Pfad in nordwestlicher Richtung bergab, bis er nach ca. 20 Minuten wieder auf denselben Waldweg stößt. Hier biegen wir rechts ab und erreichen in ca. fünf Minuten beim kleinen Schild »Kérkis/Vígla« eine breite Schotterstraße, der wir nach rechts folgen. Auf unserem Weg bergab lassen wir zunächst die zwei rechten Abzweige außer Acht und biegen erst nach ca. 30 Minuten am dritten Abzweig rechts auf einen Waldweg hinunter ab. Wir erblicken eine betonierte Wasserleitung und zweigen kurz darauf bei einer Lichtung in der Rechtskurve links auf einen klaren Pfad in den Wald ab. Diesem folgen wir unterhalb der Schluchtwand bergab, passieren dabei einen Ziegenstall sowie einen Schuppen und ignorieren den rechten Pfadabzweig zum Bach hinunter. Nach ca. 30 Minuten treffen wir oberhalb der Schotterstraße auf einen anderen Pfad, wo wir uns nach links wenden und kurz darauf bei einem grünen Ikónisma den Ortsrand von **Drakéï** erreichen.

34 Von Kosmadéï ins Kérkis-Massiv

8.30 Std.

Über die Einsiedelei an der Kakopérato-Schlucht zu den Gipfeln der Zástana und Vígla

Vom höchstgelegenen Dorf des Westens erklimmen wir die markantesten Gipfel des Kérkis-Massivs. Die stille, einsam gelegene Einsiedelei Kímissis tis Theotókou an der Kakopérato-Schlucht wird heute nicht mehr von Nonnen bewohnt, aber ein Verwalter öffnet in der Regel vormittags die Klosterpforte.

Ausgangspunkt: Kosmadéï, am Dorfplatz. Mit dem Taxi oder eigenen Pkw nach Kosmadéï.
Höhenunterschied: Ca. 650 m (Zástana) bzw. 900 m (Vígla) für den An- und Abstieg von Kosmadéï aus.
Anforderungen: Die Strecke zum Kloster ist leicht zu schaffen, der Aufstieg zur Zástana aber sehr anstrengend. Die Kammwanderung hinüber zur Vígla lässt sich wiederum einfach bewältigen.
Einkehr: Unterwegs keine Einkehrmöglichkeiten; nur in Kosmadéï.
Varianten: 1) Von der Zástana nach Drakéï oder Kallithea, siehe Tour 32. Der leichte Abstieg ist gelb markiert. – 2) Von der Vígla über das Kloster Evangelístria nach Votsalákia; ca. 1430 Höhenmeter; siehe Tour 39 – 3) Von der Vígla nach Drakéï oder Kallithéa; ca. 1195 Höhenmeter; siehe Tour 32. Dieser rot markierte steile Abstieg über den messerscharfen Grat hinunter zu den Höhlenkirchen Panagía Makriní und Agía Triáda ist sehr schwer.

Unterwegs auf dem Kamm zwischen Vígla und Zástana.

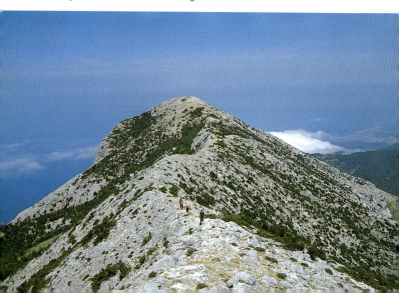

Ausblick in die Bergwelt des Kérkis-Massivs.

Unterhalb des Dorfplatzes in **Kosmadéï** biegen wir bei dem Wegweiser zum Kloster links auf die Betonstraße ab, die bald in eine Schotterstraße übergeht. Auf dieser umrunden wir langsam das weite Tal und zweigen kurz darauf bei einem Felsblock mit rotem Pfeil und einer betonierten Wasserrinne links auf einen spärlich markierten, zunächst etwas unklaren Pfad ab (ca. 15 Minuten ab Kosmadéï). Auf den Resten des alten Verbindungsweges zum Kloster, der durch den Bau des Fahrwegs beinahe völlig zerstört wurde, geht es nun bergauf. Nach ungefähr 10 Minuten treffen wir bei der weißen **Kapelle Metamórfosis tou Sotírou** auf eine Schotterstraße. Hier wandern wir ein kleines Stück rechts hinunter, stoßen auf die Hauptschotterstraße zum Klos-

ter und folgen dieser links weiter durch den Wald. Dabei ignorieren wir eine Abzweigung nach rechts. Sobald wir einen großen Wasserspeicher passiert haben, biegen wir kurz darauf an einer Gabelung am Bach rechts zum **Kloster Kímissis tis Theotókou** ab, das wir wenige Minuten später erreichen. Von hier aus hat man nun die Möglichkeit, einen Abstecher von ca. 15 Minuten zu der Höhlenkirche der **Panagía Kakopérato** zu unternehmen, die der »Mutter Gottes des schlechten Durchgangs« gewidmet ist – ein Name, der immer häufiger auch für das kleine Kloster verwendet wird. Man erreicht die Höhlenkirche an der linken Seite der gewaltigen Kakopérato-Schlucht entlang über ein Felsband. Dabei ist ein wenig Schwindelfreiheit vonnöten, aber ein neu installiertes Geländer entschärft diese Passage wesentlich.

Wieder zurück, gehen wir für die Fortsetzung unserer Wanderung unterhalb des Klosters ein kleines Stück bis zum Ende der mit Gras bewachsenen Schotterstraße. Dort überqueren wir das kleine Geröllfeld des Baches und entdecken sogleich rechts die ersten roten Punkte für den vom griechischen Bergsportverein (EOS) markierten Aufstieg zur Zástana. Von nun an klettern wir steil über Felsen bergauf. In dem lange Zeit unübersichtlichen Gelände sind die roten Markierungen dabei eine große Hilfe. Nach ca. zwei Stunden

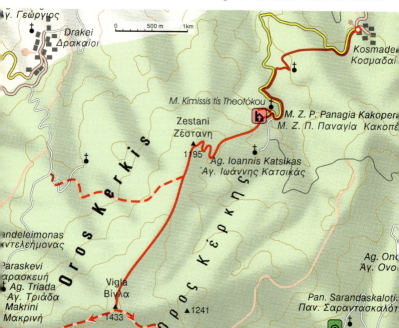

Einsam und verträumt liegt das Kloster Kímissis tis Theotókou im Wald.

gelangen wir auf ein Plateau. Von dort beginnt der mühsame, vorerst letzte, sehr steile Anstieg zum Gipfel der **Zástana**, 1195 m, den wir nach ca. 45 Minuten erreichen. In schwindelnder Höhe breitet sich unter uns ein wunderbares Panorama aus.

Von hier aus folgen wir den roten Punkten kurz bergab bis zum Kammbeginn. Wer auf dem Berg übernachten möchte, findet gleich unterhalb der Zástana eine kleine geschützte Wiesenmulde. Besonders bei Vollmond ist dies ein wunderbares, unvergessliches Erlebnis.

Die Hauptroute setzt sich nun auf dem Kamm mit herrlichen Ausblicken zu beiden Seiten langsam ansteigend fort. Wir passieren eine Weggabelung mit einem Steinmännchen und gelben Kreuz (Abzweigung Variante 1). Weiter geradeaus erreichen wir nach ca. 1 Stunde 30 Minuten den Gipfel der **Vígla**, den mit 1443 m höchsten Berg der Insel. Bei klarer Sicht hat man einen fantastischen Blick auf die umliegende Inselwelt, die türkische Küste und das Ámbelos-Massiv.

Der Abstieg erfolgt auf derselben Route.

35 | Von Drakéï in die Bucht von Vársamos

2.30 Std.

Zu einer traditionellen Kaïki-Werft und einer schönen Badebucht

Im abgeschiedenen Bergdorf Drakéï endet die imposante Küstenhochstraße im Westen von Samos. Von hier geht es nur zu Fuß weiter. Wir steigen hinunter zum kleinen Anleger der farbenfrohen Kaïki-Werft in Ágios Isídoros und weiter zu der schönen Kiesbucht von Vársamos.

Ausgangspunkt: Drakéï, an der Bushaltestelle am westlichen Ortseingang. Drakéï und Kallithéa erreicht man von Samos-Stadt und Karlóvasi Mo–Fr außerhalb der Ferienzeiten mit dem Schulbus, ansonsten zweimal wöchentlich mit dem Linienbus; zeitweise fährt der Bus nur bis Kallithéa. Vorher unbedingt nach den Fahrzeiten erkundigen!

Endpunkt: Kallithéa. Rückfahrt s.o.
Höhenunterschied: 350 m.
Anforderungen: Leicht, denn mit Ausnahme einer Abkürzung über die Reste eines alten Kalderími wandern wir fast nur auf Staubstraßen.
Einkehr: Drakéï, Vársamos (ab Mitte Mai) und Kallithéa; überall Übernachtungsmöglichkeiten.

Von der Bushaltestelle in **Drakéï** biegen wir sogleich beim Schild »Ágios Isídoros« rechts auf die schmale Asphaltstraße hinunter ab. Nach knapp 10 Minuten lassen wir den rechten beschilderten Abzweig zum Rémma außer Acht und wandern auf der Staubstraße ca. 20 Minuten weiter bergab. Nach einer steilen Rechtskurve nehmen wir links eine schmale, unbefahrbare

Die Bootsbauer von Ágios Isídoros gehen auf Fischfang.

Schotterstraße zum trockenen Bachbett hinunter. Hier kann man sich zwischen zwei Wegen entscheiden:
1) Die einfache und bequeme Variante führt über den Hauptweg in einer großen Kehre in die Bucht von Ágios Isídoros.
2) Eher für Abenteurer gedacht ist die Fortsetzung des alten Kalderímis, der ziemlich zugewachsen ist und wo wir uns etwas durch das Dickicht schlagen müssen. Aber gleich im Talgrund jenseits des Bachs finden wir einen Pfad vor und wandern oberhalb des kleinen Tals meerwärts. Bald kommen wir aus dem Dickicht heraus und durchqueren Terrassen mit Olivenbäumen, um schließlich nach ca. 10 Minuten auf dem alten Pfad bei einem Steinmännchen auf den Beginn eines Feldwegs zu stoßen. Weiter unten passieren wir bald die **Isídoros-Kapelle**, halten uns an der ersten Gabelung links und gleich darauf beim blauen Schild »I. N. Ag. Isidórou« an der Hauptstaubstraße rechts.

Hier treffen beide Wegvarianten wieder zusammen und wir erreichen wenige Minuten später die nach der Kapelle benannte Schiffsbauersiedlung **Ágios Isídoros**. Hier werden noch nach alter Tradition Fischerboote aus Kiefernholz gebaut. Zu beiden Seiten der Werft bestehen Bademöglichkeiten, schöner ist es jedoch in Vársamos.

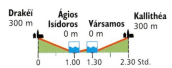

Um dorthin zu gelangen, folgen wir der Straße zurück bis zur Abzweigung mit einem blauem Schild nach links zur Kapelle. Dort bleiben wir auf der Hauptstraße, gehen hier kurz geradeaus weiter und biegen sofort beim nächsten Abzweig rechts auf eine schmalere Schotterstraße ab, die an die andere Seite der Isídoros-Bucht führt. Wir suchen aber ca. 5 Minuten später links einen unscheinbaren Wiesenweg. Auf diesem halten wir uns links und steigen über Oliventerrassen zum Hügelrücken hinauf. Wir treffen auf einen Feldweg und gehen rechts in wenigen Minuten in die **Bucht von Vársamos** hinunter. In dieser schönen Kiesbucht, einer Oase der Ruhe, bewirtschaften drei Familiengenerationen (Großmutter, Mutter und Tochter) aus Kallithéa ab Mitte Mai eine Taverne mit Zimmervermietung.

Von Vársamos folgen wir nun dem Schotterweg auf die andere Talseite hinauf. Wir erreichen nach ca. 30 Minuten die Hauptschotterstraße von Ágios Isídoros nach Kallithéa. Dort wenden wir uns nach rechts und wandern weiter bergauf, bis wir nach ca. weiteren 20 Minuten auf die von Drakéï kommende Asphaltstraße gelangen. Hier halten wir uns rechts und biegen wenige Minuten später links auf einen betonierten Fußweg hinauf ab, auf dem wir rechts sogleich in die Ortsmitte von **Kallithéa** gelangen.

Blick auf das sagenumwobene Ikaría.

3.15 Std.

Von Kallithéa an die Buchten der Westküste 36

Küstenwanderung zu zwei Kleinodien der Orthodoxie und einigen schönen Badebuchten

Der Besuch dieser etwas abgelegenen Region von Samos lohnt sich unbedingt. Die einsame und zerklüftete Westküste mit ihren stillen Badebuchten bietet dem Wanderer ein fantastisches Naturerlebnis. Ein grandioser Sonnenuntergang vor der Kulisse des Archipels der Inseln Ikaria und Fourni empfiehlt sich als krönender Abschluss eines erlebnisreichen Tages.

Ausgangspunkt: Kallithéa, auf der Hauptasphaltstraße in der Nähe des Ortsschildes »Kallithéa« bei der Abzweigung mit dem Wegweiser »Katsoúni«. Anfahrt mit dem Bus siehe Tour 35.
Höhenunterschied: 500 m.
Anforderungen: Leichte Wanderung, die fast nur auf Schotterstraßen, Feldwegen und wenigen Pfaden verläuft.
Einkehr: Unterwegs keine; nur in Kallithéa.
Variante: Wer die Westküste mit dem Auto besucht und keine größere Wanderung einplant, kann die Runde zu den beiden schönen Kirchen auch als Spaziergang machen (30 Min. hin und zurück).

Vom Ausgangspunkt in **Kallithéa** folgen wir zunächst der Schotterstraße in Richtung Katsoúni, biegen aber sofort beim Schild »Agios Charálambos« links auf einen schmaleren Feldweg ab. Von diesem gehen wir in der ersten Linkskurve geradeaus einen unmarkierten Pfad hinunter. Schon bald kommt linker Hand zwischen Ginsterbüschen das schiefergedeckte Kuppeldach der **Panagía-Evangelístria-Kirche** in Sicht, die wir in wenigen Minuten erreichen. Diese äußerlich sehr schön anmutende Kirche lässt zunächst vermuten, dass sie aus dem Mittelalter stammt, jedoch wurde sie erst im 19. Jahrhundert erbaut.

Unser eigentliches Ziel, die wahrscheinlich aus dem 14. Jahrhundert stammende **Ágios-Charálambos-Kapelle**, versteckt sich nur wenige Schritte weiter an der Felswand. Durch das Betondach äußerlich unscheinbar, birgt die Kirche in ihrem Inneren einen Freskenzyklus, der

Die Kreuzkuppelkapelle Panagía Evangelístria erhebt sich hoch über dem Meer.

zwar im Laufe der Zeit sehr gelitten hat, aber trotzdem noch sehr beeindruckend ist. Kurz hinter der Kapelle finden wir unter einer Felswand eine Quelle und mit etwas Glück kann man dort im Frühling die bunten Bienenfresser sehen.

Robuste Abenteurernaturen können sich hier links halten, einem leicht ansteigenden Weg folgen und diesen auf einer in Serpentinen abwärtsführenden Schotterstraße fortsetzen. Wenn diese Straße oberhalb der Katsoúni-Bucht in einem Olivenhain endet, muss man sich durch Gestrüpp weglos nach unten kämpfen. Dabei verkürzt sich die Wanderung um ca. 30 Minuten. Lange Hosen und ein Stock erweisen sich hierbei als sehr hilfreich.

Freunden geruhsameren Wanderns sei ein längerer, aber bequemer Weg empfohlen: Wir kehren zur Abzweigung mit dem Schild »Agios Charálambos« fast am Ausgangspunkt unserer Wanderung zurück und folgen dem unbefestigten Fahrweg links nach Katsoúni. Beide Varianten führen hinunter zu einer Weggabelung in Küstennähe.

Der abwärtsführende Zweig endet fünf Minuten später in der kleinen Badebucht **Katsoúni**. Diese durch Felsblöcke gegen den Nordwind geschützte Kiesbucht mit einigen hölzernen Bootsschuppen lädt zu einer Badepause ein.

Zurück an der Gabelung halten wir uns rechts und wandern durch eine Landschaft mit Oliven- und Johannisbrotbäumen weiter bergauf. Langsam das Tal umrundend, überqueren wir einen kleinen Bach, passieren einen riesigen uralten Olivenbaum und wenden uns bei der folgenden Gabelung nach rechts (ca. 30 Min. ab Katsoúni). Nachdem wir uns wieder der Küste genähert haben, biegen wir nach weiteren ca. 10 Minuten bei der nächsten Gabelung rechts ab. Dabei lassen wir den Abzweig zu einem Sommerhaus außer Acht, wandern bis zum Ende der Schotterstraße und erreichen über einen Pfad sogleich die **Fangrí-Bucht**. In dieser dem Nordwind ausgesetzten Bucht ist es bei Wellengang nicht leicht, über die im Meer liegenden Felsplatten ins Wasser zu gelangen. Es gibt aber eine kleine Leiter.

Höhle in der Fangrí-Bucht vor dem Panorama des Kérkis-Massivs.

Zurück an der Gabelung geht es nun rechts mit herrlichem Blick auf die gewaltige Felswand des Kérkis-Massivs zur Linken und das Foúrni-Archipel zur Rechten weiter nach **Pláka**, das wir nach ca. 20 Minuten (ab Fangrí) erreichen. Diese kleine alte Streusiedlung mit der Kapelle des Drachen tötenden Ágios Mínas, einigen Häuserruinen und einem neuen Sommerhaus ist den Böen des Boreas (Nordwind) stark ausgesetzt, sodass die Wellen des tiefblauen Meeres laut auf die rauen Felsen krachen. Die nächste Badebucht erreicht man von dort in wenigen Minuten, wenn man am Eingang der Kapelle vorbei über einen deutlich erkennbaren Pfad hintersteigt.

Der Rückweg von Pláka nach Kallithéa verläuft zuerst über eine Schotterstraße, die sich durch einen lichten Wald mit Kiefern und Olivenbäumen langsam nach oben zur Asphaltstraße windet. Nach knapp 20 Minuten ignorieren wir den rechten Abzweig nach Paleochóri. Große Mengen von Salbei verlocken zum Kräutersammeln. Oben angekommen, halten wir uns links und wandern noch eine gute halbe Stunde auf der wenig befahrenen Fahrstraße nach **Kallithéa**. Man kann auf der Straße auch gut trampen, sofern ein Auto vorbeikommt.

37 Küstenwanderung im Südwesten

4.30 Std.

Schöne Steilküstenwanderung mit zahlreichen Bademöglichkeiten.

Wir wandern zunächst unterhalb, dann oberhalb der herrlichen Steilküste entlang von Bucht zu Bucht mit wunderschönen Ausblicken auf die Inselwelt südlich von Samos. Wenn wir hungrig und durstig in der Patniótis-Bucht ankommen, können wir uns in der Sommertaverne »Kochíli« (Miesmuschel) stärken. Die kleine Bucht eignet sich auch zum Baden und Schnorcheln.

Ausgangspunkt: Kámbos-Votsalákia, an der Hauptstraße am westlichen Ortsrand nach einer Kurve direkt am Ortsschild und dem Wegweiser »Mogambo Musicbar/Fournakibeach«. Mit dem Auto, Taxi oder dem Linienbus von Samos-Stadt oder Karlóvasi nach Kámbos-Votsalákia. Der Bus fährt allerdings sehr früh (bei der letzten Recherche 4.45 Uhr ab Karlóvasi).
Höhenunterschied: 400 m.
Anforderungen: Leichte Tour, meist auf Pfaden und Schotterstraßen.
Einkehr: Kámbos-Votsalákia, Psilí Ámmos, Limniónas, Patniótis-Bucht.
Variante: Besuch des Klosters Ágios-Ioánnis-Eleímonos-Kloster, einem kleinen Paradies abseits jeglicher Zivilisation: Von der Klíma-Bucht verlief früher ein Verbindungspfad hinüber zur nächsten Bucht mit dem Kloster; dieser ist inzwischen jedoch völlig zugewachsen. Wer trotzdem sein Glück über freies Gelände, seltene Pfadspuren, Felsen und Gebüsch versuchen möchte, braucht viel Ausdauer, ein gutes Gespür für die Landschaft und lange Hosen. – Einfacher zu erreichen ist das Kloster von der Hauptstraße in Richtung Kallithéa beim Abzweig nach Paleochóri, einem malerischen, fast verlassenen Weiler. Dort wandert man über die Schotterstraße Richtung Paleochóri und zweigt nach ca. 20 Minuten an der beschilderten Kreuzung links hinunter zum Kloster ab, das man nach weiteren ca. 30 Minuten erreicht.

Klippen am Strand von Votsalákia.

Von unserem Ausgangspunkt in **Kámbos-Votsalákia** zweigen wir von der Hauptstraße links ins trockene Bachbett hinunter ab und wandern über einen Teppich von Kieselsteinen (griech. »Votsalákia«) unterhalb der Steilküste am Strand entlang. Im Frühling hängen die Blüten der Kapern wie Trauben von den Felswänden. Nach ca. 20 Minuten endet unsere Strandwanderung vorerst in der sandigen kleinen Chandáki-Bucht.

Hier steigen wir auf der anderen Seite an der Felswand hinauf, nehmen dabei aber den linken Pfad mit den blauen Kreuzen. Durch einen Olivenhain folgen wir dem manchmal nicht so deutlichen Pfad hinauf zur oberhalb gelegenen Küstenstraße. Evtl. müssen wir uns dabei etwas durch Gestrüpp kämpfen. Nach etwa fünf Minuten erreichen wir bei einem Telegrafenmast

mit Blick auf die Taverne »Psilí Ámmos« die Straße. Dort wenden wir uns nach links und biegen schon nach weiteren ca. acht Minuten in die Bucht **Psilí Ámmos** hinunter ab.

Kurz vor dem Ende der Sandbucht steigen wir über einen schmalen Pfad in den Wald hinauf und wandern durch Olivenhaine in Meeresnähe auf der Steilküste entlang. Ca. 15 Minuten später gelangen wir in eine kleine Kiesbucht mit einem Sommerhäuschen. Von hier geht es zunächst aus einem Bachbett die Schotterstraße hinauf, aber schon in der ersten Rechtskurve zweigen wir geradeaus auf einen kleinen Pfad ab. Dieser leitet uns erneut über die Klippen, bis wir ca. 15 Minuten später das Ferienörtchen **Limniónas** erreichen.

Hier folgen wir beim Schild »Makriá Poúnda« der Betonstraße an Tavernen und Ferienanlagen vorbei bergauf. Ziemlich auf gleicher Höhe geht es auf der Schotterstraße an der steilen Küste entlang. Unter uns sehen wir die kleine Siedlung um die malerisch gelegene Kapelle Ágios Nikólaos am Fuße der

Blühende Kapern hängen von den Felswänden.

Unter uns liegt die Kapelle des heiligen Nikólaos, des Schutzpatrons der Seefahrer.

Halbinsel Makriá Poúnda. Außerdem haben wir einen wunderschönen Blick auf die Nachbarinseln Agathonísi, Pátmos, Arkí und das Foúrni-Archipel. Nach ca. 45 Minuten (ab Limniónas) erreichen wir schließlich die **Patniótis-Bucht**, wo wir in der Taverne »Kochíli« (Miesmuschel) eine erfrischende Rast einlegen können.

Wir folgen dann der Schotterstraße ca. 10 Minuten weiter an der Küste entlang, biegen also nicht vorher links in die Bucht hinunter ab. Am Ende der Straße oben vor dem letzten Schuppen wenden wir uns nach rechts und wandern auf einem manchmal nicht ganz deutlichen Pfad über Oliventerrassen. Zunächst bleiben wir ziemlich auf gleicher Höhe, parallel zur Küste, bevor wir nach weiteren ca. 15 Minuten in die **Klíma-Bucht** hinabsteigen. Dort unten fließt im Frühling zwischen dicken Felsblöcken, Schilf und Oleander ein kleines Bächlein ins Meer.

Von der Klíma-Bucht nehmen wir denselben Weg zurück nach **Kámbos-Votsalákia** oder folgen ab Limniónas ganz oder teilweise der Straße.

38 | Von Marathókambos zur Höhle des Pythagoras

3.45 Std.

Hinauf zu zwei Höhlenkirchen und einem Philosophenversteck

Diese Wanderung auf den Spuren des Pythagoras ist besonders im Frühling zu empfehlen, wenn der Ginster und die Oleanderbüsche blühen und das Wasser noch reichlich aus den Bergen strömt. In der Höhle hoch über den beiden Felsenkirchen soll sich der große Mathematiker, Philosoph und Mystiker (ca. 570–510 v. Chr.) vor dem Tyrannen Polykrates versteckt haben.

Ausgangspunkt: Marathókambos, an der Hauptkirche. Mit dem Bus, Taxi oder Auto von Karlóvasi nach Marathókambos (kostenloser Parkplatz im Ort).
Höhenunterschied: Ca. 350 m.
Anforderungen: Mittelschwere Wanderung aufgrund ihrer Länge.
Einkehr: Kámbos-Votsalákia, Pythagoras-Höhle und Marathókambos.
Variante: Wer nicht im Küstenort Votsalákia einkehren oder baden will, kann sich auch an der Schotterstraße kurz vor dem Ort geradeaus durch das freie Gelände schlagen, um den Weg abzukürzen. Wir treffen dann später auf den Weg zur Höhle und biegen rechts ein. Dabei muss ein tief eingeschnittenes, meist trockenes Flussbett durchquert werden, was an zahlreichen Stellen jedoch mit kleineren Kletterpassagen verbunden ist.

Wir beginnen die Wanderung in **Marathókambos** vor der großen Hauptkirche und gehen rechts in eine Betongasse hinunter. Dabei passieren wir gleich das Gymnasium mit einem Sportplatz und eine weitere Kirche. An der unteren Gabelung folgen wir der engen Gasse leicht nach rechts und wandern auf dem inzwischen betonierten früheren Kalderími rechts weiter berg-

In dieser Höhle soll sich Pythagoras vor Polykrates versteckt haben.

ab. Wir kommen an einer Quelle vorbei und treffen sogleich auf die Asphaltstraße von Marathókambos nach Kámbos-Votsalákia. Diese überqueren wir und folgen der unterhalb gelegenen Betonstraße langsam in Richtung Meer hinunter. Schon bald geht es auf einem Feldweg weiter und nachdem wir einige Köhlerweiler passiert haben, dreht der Weg nach ca. 20 Minuten (ab Marathókambos) an einer Gabelung nach rechts ab. Von nun an verläuft unser Weg eine ganze Weile am Berghang parallel der Küste entlang. Nachdem wir eine alte Quelle passiert haben, geht es weiter bergab zur schiefergedeckten **Ágios-Geórgios-Kapelle**.

Ca. 10 Minuten später zweigt kurz vor einem betonierten Wegstück ein Kalderími ab, der uns schön durch Felder und über eine alte Brücke in die Ebene bringt. Er ist ein erhaltenes Stück des einstmals wichtigen Reit- und Fußwegs von Marathókambos zu den Dörfern der Westküste. Bald danach stoßen wir auf eine Schotterstraße (Abzweigung Variante) und biegen links nach **Kámbos-Votsalákia** ab, das nun bereits in Sicht ist. Die Route führt uns in den Ort hinab, wo viele Tavernen, Cafés und ein schöner Kieselstrand zur Rast einladen.

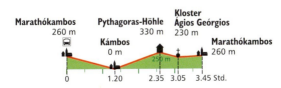

Entlang der Ostflanke des Kérkis-Massivs.

Zur Fortsetzung der Wanderung folgen wir der Hauptstraße nach rechts bis zu einem Abzweig mit den Schildern »Evangelístria« und »Pythagoras Cave«. Wir folgen dieser ausgeschilderten, anfangs asphaltierten Straße, die später in einen Schotterweg übergeht. Bald führt unser Weg durch ein grünes Tal mit Bachlauf, im späteren Verlauf linksseitig aus dem Tal heraus und erreicht nach ca. 30 Minuten auf einer Anhöhe eine Gabelung. Wir folgen der Beschilderung zur Pythagoras-Höhle nach rechts. Weiter geht es von nun an durch Olivenhaine mit vereinzelten Johannisbrotbäumen auf der Hauptschotterstraße bergauf, bis wir ca. 15 Minuten später zu der **Kapelle Osía Iríni** (der seliggesprochenen Iríni Chrysovallandoú) gelangen. Dieses von Oleander umgebene, hübsch gelegene Plätzchen lädt zu einer kleinen Pause ein.

Nachdem sich die Schlucht verengt hat, haben wir nach weiteren ca. 15 Minuten gleich unser Ziel, die sogenannte Pythagoras-Höhle, erreicht. Steil über Treppenstufen die Felswand hinauf gelangen wir zunächst zu der unter einen Felsen gebauten, hübschen weiß-blauen **Agía-Triáda-Kapelle** (auf der Road-Editions-Karte fälschlich Ágios Ioánnis genannt). Von dort geht es weiter steil an der Felswand hinauf, bis wir kurz darauf über die fantastisch angelegte, alte Treppe zur **Panagía Sarandaskaliótissa** gelangen. Der Name bedeutet die »Muttergottes der 40 Treppenstufen«; tatsächlich müssen wir wesentlich mehr Stufen hinaufsteigen. Hinter dieser wunderschön in den Felsen gebauten Kapelle befindet sich in der Felswand die **Höhle des Pythagoras**. Zurück auf der Schotterstraße können wir uns in einem Café erfrischen. Dabei kann man die Formeln des Pythagoras und anderer Astronomen gratis studieren, aber beim Bezahlen müssen wir uns auch auf astronomische Preise einstellen.

Von hier aus setzen wir unsere Wanderung auf der Schotterstraße fort, auf der wir langsam aufwärts die Kakopérato-Schlucht umrunden. Nach gut 10 Minuten gelangen wir an eine Gabelung mit einem Schild, wo wir uns rechts halten. Schon wenige Minuten später biegen wir an der nächsten kleineren Gabelung rechts in Richtung Kloster Ágios Geórgios und folgen der Schotterstraße bergab. Nachdem die weiße Kuppelkirche in Sicht gekommen ist, umrunden wir noch einen kleinen Hügel, bevor wir kurz darauf rechts das ummauerte Kloster erreichen (ca. 15 Minuten von der Abzweigung). Die schöne, schiefergedeckte weiße Kreuzkuppel des **Ágios-Geórgios-Klosters**, umgeben von blühendem Mohn im Frühling und den verfallenen Klostergebäuden aus vergangener Zeit, lässt die einstige Bedeutung des Klosters erahnen. Von hier aus führte früher ein Kalderími direkt hinunter nach Kámbos, aber leider ist dieser inzwischen völlig zugewachsen.

Zurück auf der Schotterstraße wenden wir uns nach rechts und schon bald kommt die Kapelle Ágios Pétros in unser Blickfeld. Von dem steil abfallenden, grauen Felsen hebt sich das strahlende Weiß der Kapelle wie eine Krone ab (rechts können wir einen kurzen Abstecher zur Kapelle unternehmen). Wir umrunden auf der Schotterstraße weiterhin die Kakopérato-Schlucht, überqueren bald darauf an einer Wassermühle ihren idyllischen, mit Oleander und Platanen bewachsenen Bach und wandern erneut bergauf. Bevor wir nach ca. 35 Minuten (ab Bachbett) den oberen Ortsrand von **Marathókambos** erreichen, passieren wir mit Blick auf Órmos Marathokámbou und Kámbos eine kleine Köhlersiedlung mit einem Haus im Chalet-Stil, eine Quelle und den Friedhof. Zum Abschluss der Wanderung empfiehlt sich die Einkehr in einem Kafenío an der Hauptkirche – ein sehr lebendiger Platz, wo sich auch die Dorfbevölkerung trifft.

Symphonie in Weiß und Gelb: die Kapelle Ágios Pétros.

39 Von Kámbos-Votsalákia auf die Vígla

Spektakulärer Aufstieg über 1400 Höhenmeter

Unter den schroffen Felswänden des Kérkis erwartet uns auf einer Höhe von 700 m mitten im Wald ein kleines Paradies: Im Kloster Evangelístria mit seiner Quelle können wir neue Energien für den weiteren Anstieg zur Vígla sammeln. Von dem Wasser wird behauptet, dass es selbst Tote wieder zum Leben erwecke. Nach dem steilen, anstrengenden Aufstieg zum höchsten Gipfel des Kérkis-Massivs werden wir für unsere Mühen mit einem wunderschönen Ausblick belohnt.

Ausgangspunkt: Kámbos-Votsalákia, auf der Hauptstraße in Richtung Psilí Ámmos bei den Schildern »Evangelístria« und »Pythagoras Cave«. Mit dem eigenen Pkw oder dem Linienbus von Samos-Stadt oder Karlóvasi nach Kámbos-Votsalákia. Der Bus fährt sehr früh (bei der letzten Recherche 4.45 ab Karlóvasi), bei der Länge der Wanderung durchaus empfehlenswert.
Höhenunterschied: 1443 m.
Anforderungen: Anstrengende Tour aufgrund des steilen Anstiegs; wenig Schatten. Wer vom Kloster weiter auf die 1443 m hohe Vígla aufsteigen möchte, sollte bedenken, dass er eine sehr lange Tageswanderung vor sich hat: Also morgens zeitig aufbrechen und die Tour nur bei ganz stabilen Wetterbedingungen durchführen, denn der Berg birgt reichlich Gefahren in sich. Nebel, Sturm und Regen lassen den Aufstieg rasch zu einem gefährlichen Abenteuer werden.
Einkehr: Unterwegs keine Einkehrmöglichkeit. Kafenía und Tavernen in Kámbos-Votsalákia.
Varianten: Wer nicht denselben Weg zurück nehmen möchte, kann verschiedene andere Abstiege wählen: siehe Touren 32 und 40.

Bei der Abzweigung am Ausgangspunkt in **Kámbos-Votsalákia** folgen wir zunächst der Asphaltstraße durch Olivenhaine und halten uns an den Gabelungen links. Nachdem wir an einzelnen Sommerhäusern vorbeigekommen sind, geht die Asphaltstraße in eine Schotterstraße über. Wir passieren einige Köhlersiedlungen und biegen nach ca. 30 Minuten (ab Ausgangspunkt)

an der Gabelung »Nunnery Evangelistria« und »Cave of Pythagoras« links ab. Nach weiteren ca. 15 Minuten zweigen wir kurz hinter einer alten Quelle bei einem kleinen weißen Häuschen mit Wassertank unterhalb der Felswand bei Steinmännchen und roten Markierungen rechts auf den alten Pfad zum Kloster ab. Gut 5 Minuten später stoßen wir erneut auf die Schotterstraße und folgen ihr in ausholenden Kehren aufwärts, bis sie nach ca. 1 Stunde 30 Minuten Gesamtgehzeit an einem Wendehammer endet. Wir wandern auf dem hier rechts abzweigenden Kalderími immer bergauf und erblicken dann in weiter Ferne Foúrni und Ikaría. Wir kommen bald in einen Kiefernwald und gelangen nach ca. 30 Minuten (ab Wendehammer) zu dem wunderschön gelegenen **Kloster Evangelístria** mit seiner Quelle. Das ca. 700 m hoch gelegene Kloster wird heute nicht mehr bewohnt. Die hier zuletzt als Einsiedlerin lebende Äbtissin ist kürzlich nach fast 60 Jahren Klosterleben aus gesundheitlichen Gründen in die Zivilisation zurückgekehrt. Mit etwas Glück können wir aber Mitglieder eines Vereins, der sich für den Erhalt des Klostergebäudes einsetzt, hier oben antreffen und das Klostergelände besichtigen. Auch bei verschlossenem Klostertor ist der Blick von hier oben auf die Südküste grandios.

Sollten wir uns nicht für den fast zweistündigen Aufstieg zur Vígla entschließen, treten wir nach einer wohlverdienten Pause auf derselben Route den Rückweg an und erreichen in gut 1 Stunde 30 Minuten wieder **Kámbos-Votsalákla**.

Blick auf die Inselgruppe Foúrni und das Kloster Evangelístria.

Zur Fortsetzung des Aufstiegs folgen wir oberhalb des Gebäudes einem Weg mit blauen und roten Markierungen durch den Wald hinauf. Nachdem wir ca. 30 Minuten danach die Baumgrenze erreicht haben, geht es weiter über felsiges, fast schattenloses Gelände. Der Verlauf des Pfads ist nicht immer leicht sichtbar und es empfiehlt sich, auf die Markierungen zu achten. Beim weiteren Anstieg breiten sich bei klarer Sicht die Inseln Foúrni, Agathonísi, Pátmos, Lipsí, Léros und Kálymnos unter uns aus. Plötzlich taucht die 1100 m hoch gelegene **Profítis-Ilías-Kapelle** vor uns auf, deren Räume dem Wanderer bei Gefahr auch als Schutzhütte dienen. Leider waren die vorhandenen Räume bei der letzten Recherche völlig verwahrlost.

Oberhalb der Kapelle setzt sich unser Weg zur Vígla fort. (Die blauen Pfeile und roten Punkte unterhalb der Apsis leiten hinunter zu dem Rinnsal, wo der Pfad nach Marathókambos beginnt, siehe Tour 40.) Mit herrlichem Blick auf den südwestlichen Teil der Insel überqueren wir bald darauf ein Plateau, passieren eine Quelle und erreichen einen Sattel, wo wir zum ersten Mal den Hauptkamm zwischen der von hier aus noch nicht sichtbaren Vígla und dem markanten Zástana-Gipfel erblicken. Hier halten wir uns links und passieren einen Heiligenschrein. Wir folgen den Markierungen weiter um den Berg herum bis zu einem zweiten Sattel. Von nun an steigen wir über Geröll- und Schotterfelder steil zum Gipfel hinauf und obwohl wir uns nicht mehr auf ei-

nem deutlichen Pfad bewegen, fällt die Orientierung durch die gute Markierung doch nicht schwer: Unser Ziel ist der markante Berg halb rechts des Pfades mit Steinwall und Betonsäule auf dem Gipfel. Von der **Vígla**, 1443 m, breitet sich ein großartiges Panorama vor uns aus.
Nach einer ausgiebigen Rast nehmen wir dieselbe Route zurück, wobei die Markierungen uns erneut die Richtung weisen. Die **Profítis-Ilías-Kirche** erreichen wir in ca. 50 Minuten, das **Evangelístria-Kloster** nach weiteren ca. 60 Minuten und **Kámbos-Votsalákia** in ca. 1 Stunde 30 Minuten.

Unsere Aussicht reicht von der Limniónas-Bucht bis zur Insel Foúrni.

40 Von Kámbos-Votsalákia zur Profítis-Ilías-Kapelle

Höhenwanderung entlang der südöstlichen Seite des Kérkis-Massivs

Auf den Spuren der Partisanen wandern wir in schwindelnder Höhe über Felsen und Kämme mit grandiosen Ausblicken auf Samos und die umliegende Inselwelt.

Ausgangspunkt: Kámbos-Votsalákia, am westlichen Ortsende bei den Schildern »Evangelístria« und »Pythagoras Cave«. Mit dem Bus von Samos-Stadt oder Karlóvasi nach Kámbos-Votsalákia. Es gibt nur extrem frühe oder späte Busverbindungen nach Kámbos-Votsalákia (siehe Tour 39).
Höhenunterschied: 1100 m.
Anforderungen: Anstrengende Tour, bedingt durch die Länge der Wanderung und den steilen Anstieg.
Einkehr: Kámbos-Votsalákia und Marathókambos.

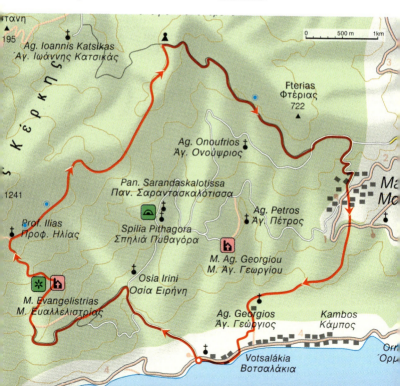

Die Profítis-Ilías-Kapelle am Südhang des Kérkis.

Für die erste Etappe dieser Wanderung von Kambos-Votsalakia zur **Profítis-Ilías-Kapelle** orientieren wir uns an der Beschreibung von Tour 39.
Von der Apsisseite der **Profítis-Ilías-Kapelle** folgen wir den blauen Pfeilen und roten Punkten über ein Felsstück hinunter zu einer Quelle mit Rinnsal, die das Kloster Evangelístria mit Wasser versorgt. Von nun an leiten uns die Markierungen über einen deutlichen Pfad zunächst in nordöstlicher Richtung. Dabei passieren wir eine Granate aus dem Bürgerkrieg und eine weitere Quelle. Abwechselnd über Schiefer und Kalkstein, auf denen noch die Spuren früherer Waldbrände zu erkennen sind, wandern wir mit herrlichen Ausblicken auf dem alten Pfad weiter. Noch heute wird er von Marathókambos und Kosmadéï aus benutzt, um das am 21. Juli stattfindende Fest zum

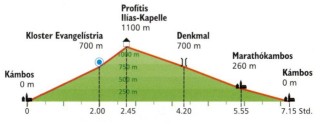

Namenstag des Propheten Elias zu feiern. Weiter geht es durch die karge Felslandschaft auf einen Grat zu, der von Weitem dramatisch erscheint, sich aber bald als harmlos entpuppt. Tief unter uns tauchen auf einmal in der Ferne drei weiße Punkte in der grünen Landschaft auf: die Kapellen Ágios Onoúfrios, Ágios Pétros und das Kloster Ágios Geórgios. Noch einige Male überqueren wir steile Kämme des Sattels zwischen dem Kérkis- und dem Melegáki-Massiv, bis wir plötzlich das Kakopérato-Kloster am Beginn der gleichnamigen Schlucht entdecken. Wir bleiben noch eine Weile auf dem oberen Kamm, bis wir nach dem letzten kleinen Anstieg auf einem Pass die Schotterstraße von Marathókambos nach Kosmadéï und zum Kakopérato-Kloster erreichen. Hier wenden wir uns nach rechts zu einem **Denkmal**, das einen in Stein gehauenen Mann zeigt und den Kämpfern der sogenannten Demokratischen Armee (der kommunistisch orientierten Volksbefreiungs-armee) aus dem Bürgerkrieg von 1947–1949 gewidmet ist.

Wir umrunden – eine ganze Weile auf einer Höhe von ca. 600–800 m bleibend – nun die mit Platanen und Oleander bewachsenen Schluchten und genießen den wunderschönen Ausblick. Nachdem wir an einem Ziegenstall vorbeigekommen sind, gelangen wir bei einem zweiten kommunistischen Denkmal zu einer Quelle. Wir umwandern weiter den Ftérias-Gipfel und ignorieren nach knapp 1 Stunde (ab Steindenkmal) oberhalb von Marathókambos die rechte Abzweigung der Schotterstraße zur Onoúfrios-Kapelle und Pythagoras-Höhle. Nach weiteren knapp 10 Minuten biegen wir bei der

Hoch über der Südküste liegt der Ort Marathókambos.

Die Vígla erhebt sich mächtig über der Südküste von Samos.

nächsten Gabelung rechts in Richtung Marathókambos ab. Schon bald breitet sich das große Dorf wie ein Amphitheater unter uns aus und nachdem wir an der folgenden Gabelung rechts abgebogen sind, rücken die Häuser immer näher. Wenige Minuten später biegen wir am Ortsrand von **Marathókambos** links in den inzwischen betonierten Kalderími ab und gehen durch die engen Gassen hinunter zur Hauptstraße. Dort können wir uns nach der langen Wanderung in einer der Tavernen stärken.
Wir setzen unseren Weg in der Gasse direkt neben der großen Hauptkirche fort. Für die letzte Etappe von **Marathókambos** hinunter nach **Kámbos-Votsalákia** benötigen wir ca. 1 Stunde und benutzen dafür die Wegbeschreibung der Tour 38.

Stichwortverzeichnis

A
Agiádes 42
Agía-Matróna-Kapelle 65
Agía Paraskeví (Drakéï) 124
Agía-Paraskeví-Kapelle (Potámi) 95
Agía Paraskeví (Nisí) 34
Agía Triáda (Höhlenkirche) 125, 126
Agía-Triáda-Kapelle (Kámbos/Votsalákia) 146
Agía-Triáda-Kirche (Limáni Karlovasíou) 94, 108
Ágios-Antónios-Kapelle 34
Ágios-Charálambos-Kapelle 137
Ágios Dimítrios 115
Ágios-Dimítrios-Kapelle 83
Ágios-Geórgios-Kapelle 145
Ágios-Geórgios-Kloster 147
Ágios-Ioánnis-Kapelle 58
Ágios Isídoros 135
Ágios-Jánnis-Kirche 29
Ágios Konstantínos 63, 73, 83, 86
Ágios-Konstantínos-und-Eléni-Kapelle 73, 99
Ágios Pandeléimon 86
Ágios-Spirídon-Kapelle 60
Ámbelos 44, 63, 84, 86
Áno Ágios Konstantínos 63, 73, 83
Áno Vathí 20, 28, 37
Arkoudólakka 31, 34
Avlákia 75
Áy-Yannáki-Kirche 29

B
Bucht von Vársamos 136

C
Chóra 43

D
Drakéï 93, 119, 120, 124, 126, 134

E
Efpalínio-Tunnel 40
Evangelismós-Kapelle 71

F
Fangrí-Bucht 139

G
Galázio 34
Grotte des heiligen Antonius 95

H
Höhle des Pythagoras 146
Höhlenkirche Agía Triáda 126

I
Ímvrassos 21, 89
Isídoros-Kapelle 135

J
Johannes-der-Täufer-Kapelle 67

K
Kakopérato-Schlucht 132, 146, 154
Kakórema-Bach 60, 69
Kallithéa 93, 125, 136, 137, 139
Kamára 27, 33
Kamára-Höhlenquelle 35
Kámbos (Ambelos-Massiv) 64
Kámbos-Votsalákia 92, 141, 143, 145, 148, 153
Karlóvasi 92, 94, 102, 106, 109
Kastaniá 93, 111
Kástro Louloúdas 44, 47, 49, 54, 58
Kastro (Potámi) 96, 101
Kástro (Pythagório) 40, 42
Katsoúni 138
Kavouráki-Bach 47
Kérkis 92
Klíma-Bucht 143
Kloster Agía Zóni 25, 31, 33
Kloster Ágios Ioánnis (tou Theológou) 108, 110
Kloster Evangelístria 149
Kloster Kímissis tis Theotókou 132
Kloster Megáli Panagía 89
Kloster Spilianí 42
Kloster Vrondá 50, 54, 57, 79, 88
Kloster Zoodóchou Pigís 27, 31
Kokkári 48, 52, 55, 56, 59, 60, 65, 79
Kondakéïka 93, 115
Kondëïka 93, 113
Kosmadéï 93, 100, 104, 122, 131
Koumaradéï 89, 91

L
Lázaros 44, 78, 88
Léka 93, 110
Limáni Karlovasíou 94, 97, 108, 109
Limniónas 142

M
Manolátes 61, 70, 72, 76, 81
Marathókambos 93, 144, 147, 155
Megálo Seïtáni 118, 121
Melegáki 93
Metamórfosis-tou-Sotírou-Kapelle 131
Mikró Seïtáni 105, 117
Mili 90
Mytilinií 47, 49

N
Nachtigallental 45, 66
Nikoloúdes 93, 100, 103, 111
Nisí 33

O
Osía-Iríni-Kapelle 146

P
Pagóndas 90
Paleochóri 65
Paleó Karlóvasi 94, 108, 109
Paleókastro 37
Panagía-Evangelístria-Kirche 137
Panagía Kakopérato (Höhlen-

kirche) 132
Panagía Makriní (Höhlenkirche) 125
Panagía-Sarandaskaliótissa-Kapelle 146
Panagía-tou-Potamioú-Kirche 96, 101, 102
Patniótis-Bucht 143
Petaloúdas 114
Pláka 139
Platanákia 51, 66, 68, 71, 74, 76, 81, 88
Plátanos 93, 112
Pnáka 65, 75
Potámi 92, 96, 97, 98, 102, 105, 106, 111, 117
Potámi-Schlucht 92, 94, 100, 111
Profítis Ilías 81
Profítis-Ilías 44
Profítis-Ilías-Kapelle (Kámbos) 64
Profítis-Ilías-Kapelle (Kérkis) 150, 153
Profítis-Ilías-Kapelle (Kokkári) 48, 53
Profítis-Ilías-Kapelle (Manolátes) 76
Profítis-Ilías-Kapelle (Samos-Stadt) 23, 32
Psilí Ámmos (Ost-Samos) 36
Psilí Ámmos (Votsalákia) 142
Pythagoras 146
Pythagório 21, 38, 41

S
Samos-Stadt (Vathý) 20, 22, 24, 28, 30, 33, 37
Stavrinídes 62, 72, 85

T
Thío 30
Trís-Ekklisiés-Kapellen 37
Tsourléï 93, 100, 102, 106, 111

V
Vársamos 136
Vathý (Samos-Stadt) 20, 22, 24, 28, 30, 33, 37
Vígla 92, 127, 133, 151
Votsalákia 92, 141, 143
Vourliótes 51, 54, 57, 60, 65, 69, 74, 88

Y
Ydroússa 93, 113

Z
Zástana 128, 133

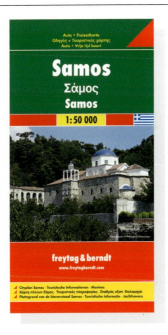

Die Kartenausschnitte in diesem Wanderführer
sind folgender Karte (Maßstab 1:50.000) entnommen:

AK 0811 Samos

von **freytag & berndt**

erhältlich in jeder Buchhandlung!

Umschlagbild:
Panoramablick auf Paleó Karlóvasi.

Bild im Innentitel:
Die reizvolle postbyzantinische Kirche oberhalb von Áno Vathí.

Bildnachweis:
Christian Geith S. 7, 9, 13 (links oben), 13 (links unten), 16, 29, 30, 31, 40, 43, 45, 47, 49, 55, 56, 62, 63, 66, 69, 70, 80, 85, 89, 91, 96, 116, 118, 119, 122, 129, 131, 136, 146, 151, 155; Uli Hoepke S. 21, 42, 51, 72, 75, 78, 107, 108, 112, 154; Daniël Koster/Inge Zibner S. 1, 12, 13 (rechts oben), 13 (rechts unten), 14, 15, 17, 23, 25, 26, 27, 28, 32, 34, 35, 37, 39, 48, 53, 54, 58, 59, 61, 65, 67, 73, 79, 82, 84, 88, 93, 95, 97, 99, 101, 104, 105, 110, 111, 114, 115, 121, 124, 125, 128, 130, 133, 135, 138, 139, 141, 142, 143, 145, 147, 150, 153.

Kartografie:
40 Wanderkärtchen im Maßstab 1:50.000 und 1:75.000 sowie vier Übersichtskarten im Maßstab 1:125.000, 1:175.000 und 1:400.000
© Freytag & Berndt, Wien

Die Ausarbeitung aller in diesem Führer beschriebenen Wanderungen erfolgte nach bestem Wissen und Gewissen des Autors.
Die Benützung dieses Führers geschieht auf eigenes Risiko.
Soweit gesetzlich zulässig, wird eine Haftung für etwaige Unfälle und Schäden jeder Art aus keinem Rechtsgrund übernommen.

3., vollständig neu bearbeitete Auflage 2011
© Bergverlag Rother GmbH, München

ISBN 978-3-7633-4144-3

Wir freuen uns über jeden Korrekturhinweis zu diesem Wanderführer!
BERGVERLAG ROTHER · München
D-82041 Oberhaching · Keltenring 17 · Tel. (089) 608669-0
Internet www.rother.de · E-Mail leserzuschrift@rother.de